Thomas Gerhard

Zeitzeichen - Sorge Dich nicht, glaube!

Thomas Gerhard

Zeitzeichen - Sorge dich nicht, glaube!

Die Kraft der Religion

Ein Handbuch zur Lebenshilfe

DeBehr

ISBN: 978-3941758711
Herausgeber: Verlag DeBehr, Radeberg
Erstausgabe: 2010

Dieses Buch ist allen sanftmütigen und trostlosen Menschen gewidmet, die auf der Suche nach Sinn in dem Licht und der Liebe Heimat finden werden.

Vorwort

In der letzten Zeit sind immer mehr Freunde, Bekannte und Verwandte an mich mit dem Wunsch herangetreten, meine schriftstellerische Tätigkeit in Form eines Buches darzustellen. Mit etwas Mut und Geschick habe ich nun, zufrieden, meine beständige Arbeit zusammengefasst.

Menschen denken und fühlen – wir sind in unseren Gedanken heute zugleich hier wie dort. Wir fürchten das Morgen und leiden noch am Gestern. Kraft unseres Herzens, unseres Geistes und der Seele erfahren wir jeden Tag eine Vielfalt an Gedanken- und Gefühlserlebnissen, die uns gegenwärtig und zukünftig – teils bewusst, teils unbewusst – prägen und leiten. Schon seit Jahrhunderten, wie sehr sich auch die Welt und das Leben der Menschen verändert haben mag, sind es die immergleichen Themen, die uns beschäftigen: Es sind die menschlichen Tugenden und Schwächen, die Liebe, der Tod ... – das Auf und Ab des Lebens.

Es ist auch nicht die Einmaligkeit, welche die Faszination dieser Schriftstücke ausmacht, sondern das Erlebte, das aus den Worten zu uns spricht. Jede dieser Lebensweisheiten ist Bekenntnis einer persönlichen Erfahrung, welche die Hoffnung hegt, uns allen etwas Nützliches sagen zu können. Es sind Leitfäden im Labyrinth des Lebens, Sprungbretter zur Nachdenklichkeit. Letztendlich sagen jene Weisheiten am meisten, in denen wir unsere eigene Lebenserfahrung wiederfinden können. Aber auch die anderen, die unseren Widerspruch herausfordern, dienen uns, indem sie neue Gedankenwelten erschließen. Der Inhalt der Schriftstücke erhebt daher nicht den Anspruch auf vollkommene Darstellung. Das Bruchstückwerk unserer Sinne ist nun in einen tiefen Lebensernst eingebettet.

In mühevoller Kleinarbeit und mit viel Liebe zum Detail habe ich nach zehn Jahren literarischen Schaffens eine Auswahl an Texten und Gedichten zusammengestellt. An dieser Stelle wünsche ich dem Leser viel Freude und gedankliche Anregung auch beim Nachsinnen über meine Texte.

Augsburg, 2010

Inhaltsverzeichnis

1. Zeitzeichen der Gegenwart

1.1 Gefangener der eigenen Welt

Im frühen Mittelalter war man der Annahme, dass sich die Sonne um die Erde drehte und die Erde eine Scheibe wäre. Dass der Himmel oben und die Hölle unten wären. Es herrschte Ordnung in einer vorgegebenen Denk- und Gefühlsstruktur im religiösen und weltlichen Bereich. Als erklärt wurde, dass die Erde keine Scheibe, sondern eine Kugel war, wurde dem Wissenschaftler Kopernikus ketzerisches Denken vorgeworfen. Die Menschen wurden unsicher und ihr Weltbild brach in sich zusammen.

Ähnlich wie in der damaligen Zeit sind wir auch noch heute in Gedanken- und Gefühlsstrukturen unserer eigenen persönlichen Welt gefangen. Wir sind wie in ein Vakuum verpackt. Wir kennen nur unsere eigene vorgegebene Welt. Wir sind nicht bereit, die Gedanken- und Gefühlswelten anderer Menschen zu akzeptieren, zu respektieren und zu tolerieren.

Mit einem gewissen räumlichen und zeitlichen Abstand würden wir erkennen, dass es, über den Tellerrand unseres eigenen Denkens und Fühlens hinaus betrachtet, eine Vielzahl anderer Welten gibt. Im Erkennen und in der Distanz sehen wir, dass es für uns viel Neues zu entdecken und erkunden gibt. Auch wenn es uns noch fremdartig vorkommt und uns Dimensionen offenbart, die uns Angst und Furcht einflößen, weil wir zu dieser anderen Welt noch keine Erkenntnis haben.

Wir befinden uns in einem leistungsorientierten und rücksichtslosen Verhalten, denn wir haben nur Kenntnis von unserem eigenen Weg. Wir kennen auch nur die eine Richtung, die uns vorgegeben wurde.

So werden wir in eine Rolle gedrängt, die uns schon seit der Kinderzeit leitet. Der Mensch befindet sich in einem pubertären Verhältnis zu Gedanken und Gefühlsstrukturen. Er ist immer wieder auf der Suche nach sich selbst und ist nicht bereit, den breiten, bequemen Weg zu verlassen und sich auch anderen Gefilden des Lebens zuzuwenden. Darum sind wir in diesem Sinn Gefangene unserer eigenen Welt.

Lebensziele und Eigenvorgaben, krankhafter Ehrgeiz und Selbstsucht erkennen wir dann leider im Leben oft zu spät. Charakterstärke und männliches Rückgratdenken sind Vorgaben, die uns oft den Himmel auf Erden zur Hölle machen. Auf dem Gipfel der Leistung und der gipfelnden Eigensucht sollten uns die Gedanken auch in unser Tal führen. In das Tal des Lebens und zu uns selbst. Wer kann schon den Lebensrucksack mit Hab und Gut am halben Berg des Lebens zurücklassen und wer kann das Wetterleuchten erkennen, das uns die Hoffnung und Zuversicht nach der

Umkehr bringt und uns einen neuen Anstieg ermöglicht?

Sicherlich kann man sagen, dass wir mit einem bestimmten Weltbild, das aus Erziehung, Charakteranlagen und Umwelt besteht, in unsere Welt „hineingeboren“ worden sind. Wir haben bereits ein Weltbild mitgebracht, das einen Menschen eine gewisse Scheinstabilität verleiht und das uns eine Selbstkritik an diesem vorhandenen Weltbild schwermacht. Wir akzeptieren es so, wie es ist, weil es ja so bequem ist, in einem Vakuum unserer eigenen Welt zu leben. Es gibt aber auch Möglichkeiten, dass wir dieses Weltbild verlassen können. Wir sollen neugierig auf das Leben bleiben, das fern unserer „Leere“ besteht. Auf die Fülle des Lebens und auch auf andere Menschen. Es ist wichtig für uns zu erkennen, dass wir in einem Vakuum eines Weltbildes der Gedanken und Gefühle enthalten sind. Es ist aber auch wichtig zu erkennen, dass wir uns selber eine vorgegebene Ordnung geschaffen haben, die uns Sicherheit, Bequemlichkeit und ebenso einen Rückhalt auf unserem Existenzweg gibt. Diese vorgegebene Ordnung ist aber nur durch uns in ihren Grundwerten änderbar. Wir werden in unserem Leben mit einem Rollenverhalten und Scheuklappendenken behaftet, die uns jede Kreativität und jede Flexibilität im eigenen Ich einschränken. Wir befinden uns in dieser Lebensleere auf einer Art Erfolgsleiter. Dies ist nicht nur in den Denkstrukturen, sondern auch in den Gefühlsstrukturen so. Je mehr wir Erfolg haben, umso mehr sind wir süchtig nach ihm.

Wir kommen auf einen Punkt eines Verhältnisses, der uns immer wieder sagt, dass wir nicht mehr satt werden an unserem Leben – mit dem, was wir denken, fühlen und haben.

Unsere Lebensbahn ist gesäumt von Häusern aus Beton und Zäunen, die unser Leben einengen. Warum nicht einmal auf den blühenden Auen und Wiesen unserer dimensional anderen Gedanken- und Gefühlswelt sich bewegen? Am Anfang sagte ich, dass die Erde eine angenommene Scheibe war. So wurde es im Mittelalter festgehalten. Im Erreichen unserer hochtechnisierten Zivilisation sollten wir meinen, dass nicht nur die Technik den Fortschritt in den Jahrhunderten gebracht hat, sondern dass Gedanken, Gefühle und Rollenverhalten den Menschen dorthin führen, wo er sich und seine Umgebung akzeptieren kann. Wo er sich selbst findet!

Wir sind Gefangene unserer eigenen Welt. Wir sind geprägt durch Erziehung und Werdegang und nur die wenigsten von uns haben in ihrem Leben die Möglichkeit ergriffen, zur Erkenntnis zu kommen, dass es hier auf diesem Erdenrund eine Vielzahl von Welten gibt und unsere offenbarte, eigene Welt nur begrenzt ist. Darum kann ich nur an meine Mitmenschen appellieren, dass wir die Schranken und Mauern unserer eigenen

Gedanken- und Gefühlswelt öffnen und frei werden für andere Dimensionen und anders denkende und fühlende Menschen.

Es ist Zeit, uns aus alten Strukturen zu lösen und uns innerhalb unserer Kreativität einem neuen Gedankenspektrum zuzuwenden. So sollten wir trotz des Gefangenen der eigenen Welt *Geisteskinder* bleiben.

1.2 Geisteskinder

Als Kind berauscht dich die Natürlichkeit,
als Schüler des Lebens die Lehre der Zeit.

Die Vergänglichkeit prägt die Gedankenwelt,
so sind Geist und Liebe im Körper bestellt.
Der Geist birgt in sich Liebe und Leiden,
mal zeigt er mehr, mal weniger von beiden,

Erdenfügung und des Schicksals Glück
kommen über die Gedanken zum Herzen zurück.
Der Gedanke hat einen festen Verstandesplatz
und Seelenlosigkeit ist verlorener Lebensschatz.

Darum bleibe in Gedanken nur bei dir
und dein Geist öffnet dir die Tür.
Sieh, ein kleiner Schritt zur Ewigkeit
ein Türspalt des Lebens zur zeitlosen Zeit.

Der Geist der Sinne – komm sag es schnell –
ist für die Menschen ein wahrer Freudenquell.
Gefühl und Verstand sind wie Tag und Nacht,
der Geist des Lebens hält über sie die Wacht.

Der Zahn der Zeit nagt an den Gedanken,
doch Klarheit und Wahrheit, sie werden nicht wanken.
Geist und Seele im hellen Lichterschein
werden die Lebensfülle des Menschen sein.

Der Geist zeigt Raum und Bahnen hier
und Herz und Seele stehen Spalier.
Aber der Höchste, der die Bahnen lenkt,
ist Gott, der dir die Fülle schenkt.

In all den Jahren und in aller Zeit
macht Gott uns einen Weg bereit.

So sag mir, welches Geisteskind ich bin?
Ich weiß, das ist des Lebens tiefster Sinn.

Geist und Gedanken werden nie geschieden,
doch es wäre schön, wenn wir
Geisteskinder blieben!

Die Wirklichkeit sieht anders aus und wir kommen an die Grenzen unseres Fassungsvermögens, um das Reale zu verstehen.

1.3 Fremder unter Fremden

Die Entfremdung unter den Menschen ist ein Zeichen unserer Zeit. Sie ist gekennzeichnet von einer Auflösung der Bindungsstrukturen. Die geistige oder soziale Bindung – oder vielmehr das Bindungsverhältnis – ist aufgrund seines trostlosen Zustandes gestört. Die Entfremdung hat gegenwärtig ein kaum zumutbares Maß erreicht. Wir leiden unter einem erschreckenden Distanzverhältnis zu unseren Mitmenschen. So werden aus unseren Reihen ältere Mitbürger in Altenheime „abgeschoben". Es werden Behinderte und Kranke in unsere Gemeinschaft nicht eingegliedert. Es fehlt an einer menschlichen Bezugsfähigkeit zu Randgruppen und Minderheiten. In den Ballungszentren entstehen Asylantensilos und Ausländerwohnheime.

Diese Minderheiten sind empfindsame, gemütvolle Menschen, deren Vernunft und Gefühle durch die aufgenommene Reizwelt auf – für uns schwer verständliche – unterschiedliche Ebenen führen. Ihr Leiden ist die Spiegelung des hintergründigen Gesellschaftsbildes. Sie zerbrechen in ihrem sozialkritischen Verhalten an der doppelbödigen Moral einer unmenschlichen Gesellschaft. Sie spiegeln in verschlüsselter Form den moralischen Verfall ihrer Mitmenschen wider. So bilden sie mit ihrem Gefühl und ihrem Verstand einen „abnormen", sozialkritischen Lebensinhalt.

Der Wert unserer Minderheiten siedelt sich global zwangsläufig in unserer „christlichen Gesellschaft" auf der untersten Stufe an, da sie nicht dem Verhaltensmuster einer – bedenklich – egoistischen und unmoralischen Gesellschaftsnorm entsprechen.

Unsere „Minderheiten" entwickeln sich zu Mehrheiten, aber sie werden weiterhin von einer auserlesenen, hierarchischen Schicht mit der bitteren, mitleidsvollen „Pille der Gleichgültigkeit" abgespeist.

Minderheiten haben keine Lobby. Vorurteile, Desinteresse, Gleichgültigkeit und Unmenschlichkeit sind Inhalte unseres Gesellschaftsbildes. In der Gesellschaft herrscht kein Verständnis mehr für diese „Randgruppen", von Respekt und Würde gar nicht erst zu sprechen. Die Würde des Menschen ist „unantastbar". Wortspiel mit der Wahrheit oder nur Deckmantel aus Lug und Trug einer gefühlskalten, entarteten Gesellschaft? In der Besinnung unserer Zukunft sollten wir das Bestehen dieses Spiegels nicht leugnen. Wir sollten uns unserem Spiegelbild stellen und es in einer würdevollen Vorurteilslosigkeit unseres Lebens betrachten. Unser Umgang mit den Mitmenschen ist der dauerhafte Maßstab für unsere gegenwärtige Verhältnismäßigkeit in Lebensqualität und Moral.

Somit beginnt, sich der Teufelskreislauf der Gesellschaft des Lebens und des Leidens für die „Außenseiter“ erneut zu drehen. Wir ziehen das Alleinsein als Single in anonymen Betonblöcken der ehemaligen, sozial strukturierten Großfamilie vor. Der materielle Überfluss unserer Gesellschaft ermöglicht uns ein „selbstständiges, freies Leben“ ohne Sozialgemeinschaft mit all ihren Folgen. (In der Millionenstadt München lebt mehr als sechzig Prozent aller Einwohner allein in einer Wohnung.) Wir sind in einer fatalen Egozentrik gefangen und neigen zur geistigen und sozialen Auflösung einer bis vor einigen Jahren beinahe noch intakten Gesellschaftsstruktur.

Aber warum? Offensichtlich fehlt uns die gleichartige Gemeinsamkeit in unserem Leben. Auf der einen Seite wollen wir nicht nur aus wirtschaftlichen Gründen unsere Lebensanspruchshaltung als Einzelner behalten und sind daher auch sozial fremd in unserem Zusammenschluss, auf der anderen Seite wollen wir die eigensüchtigen Vorteile des hierarchischen Gemeinschaftsgefüges wahren.

Wir sind daher nicht nur Fremde unter Fremden, sondern auch fremd in uns selbst. Wir sollten uns aber darüber klarwerden, dass wir weltumspannend nur dann den Eigenanspruch verkünden können, wenn wir auch im Einzelnen die geistige Summe unserer Vereinigung bewahren.

Der Einzelne wurzelt aus der Gemeinschaft. Aber nur in einer gewissen Haltung des Einzelnen wird er die soziale Verbindung mit der Gemeinschaft erkennen. Wenn dies nicht erfolgt, stellt die Entfremdung eine Auflösung der tragenden Werte des Menschen zur Gruppe dar. Es ist verständlich, dass in der Gemeinschaft das Einzelwesen liegt und dass der Zusammenschluss von Einzelpersonen die Vervielfachung von Menschen bedeutet. Sozialstrukturen eines Menschen sollten also auch nach dieser Gesetzmäßigkeit Bestand in uns als Gruppen, Völker und Nationen haben.

Die Entfremdung durch den Einzelnen ist daher nicht nur eine Loslösung von moralischen und sittlichen Bestandswerten der Gemeinschaft, sondern deren Abkehr! Sicherlich kommt diese Loslösung in vielen Lebensbereichen vor. Die im heutigen sozialhumanen, im geistigen und im ethisch-religiösen Teil ist besonders tiefgreifend und nachwirkend. Wir tragen also den geistigen Verfall der Sozialgemeinschaft als Einzelner in uns. Wir sind uns aber dieser Tragweite unserer Handlung nicht bewusst und verkennen die zukünftige Wirkung in den Lebensformen.

Entfremdung des Einzelnen von der Gemeinschaft und Entfremdung der Gemeinschaft vom Einzelnen bedeutet daher auch ein bestehendes Spannungsgefüge, das sich zeitlich und schrittweise im Leben ausdehnt. Bisher gültige Altstrukturen werden aufgegeben und es tritt der

Vereinsamungszustand der Menschen vermehrt in Erscheinung. So wird die gemeinschaftliche Summe der Mitmenschlichkeit in unserer Gesellschaft geteilt und wir suchen durch die Entfremdung unseren Bestand im eigenen Ich. Diese Teilung stellt eine Erblast für zukünftige Generationen dar. Sie ergibt sich aus einer Abstandshaltung, aus einer persönlichen Not und einem Zwang heraus. Die Abstandshaltung besteht aus einer Absage gegenüber dem zwischenmenschlichen, gegenwärtigen Bereich unserer Gesellschaft. Die Abstandshaltung unserer Gesellschaft und die daraus ergebende Entfremdung führen hin zur Entartung und zum Verfall nicht nur des einzelnen Menschens, sondern auch der Gemeinschaft.

Wenn wir die Grundform des Gemeinwesens aufheben, sehen wir, dass daraus die Identitätsangst und Ideenflucht des Einzelnen in neue ideologische Engagements resultiert. Diese Tendenz erringt nicht die förderliche Gesprächsebene der Menschen, sondern sie mehrt die teilende, kraftvolle Haltung dieser Struktur. Nicht unser Handeln entfremdet uns, sondern unser Geist – denn der Mensch ist die Wurzel seines Denkens.

Wenn wir nicht dazu bereit sind, die Brücken des Verstehens zu schlagen, driften wir im Strom der Zeit immer mehr voneinander ab. Die Zukunft der Gemeinschaft und die des einzelnen Menschen wurzeln deshalb in einer intakten sozialen Verknüpfung von unterschiedlichen Lebensbereichen. Was hebt die Entfremdung auf? Eine Entfremdung kann nur durch einen Wiedereingliederungsprozess aufgehoben werden, wenn wir uns einfühlen können, verstehen und verstanden werden.

Ein ehrliches Gespräch, eine zum Bund gereichte Hand schaffen zum Beispiel die Basis für eine menschliche, annehmbare Lebensebene. Wir müssen uns abkehren von rein subjektiv ideologischen Inhalten, aber sollten uns doch zu einer eigenverantwortlichen, dem Einzelnen und dem Zusammenschluss dienenden Lebensfülle zuwenden. Unsere solidarische Absichtserklärung muss auch durch unser konsequentes Handeln mit Leben erfüllt werden. Verbale Willensäußerungen und bunte Autoaufkleber schaffen sicherlich nicht die erforderliche Veränderung.

Trotz der Hochzivilisation und des Hightech konnte der Mensch in seiner sozialen Entwicklung nicht Schritt halten. Der geistig-soziale Stand der Gegenwart ist die Folge aus den Versäumnissen der Vergangenheit. Daher ist es wichtig, die Wesenseinheit des Menschen in eine soziale Bindung einzubringen. Aber nicht nur in unserem Handeln, sondern auch in unserem Denkansatz. Ein Gemeinschaftszwang ist hierzu sicher nicht die richtige Lösung und trotz einer vernünftigen Einbindung des Einzelnen in die Gemeinschaft soll die freiheitliche Selbstständigkeit des Menschen gewahrt bleiben. Gleichrangig zu betrachtende Einzelstrukturen und

Gemeinschaftsstrukturen sollten daher nicht einseitige Pole in einem starren System menschlichen Lebens sein, sondern sie sollten in der beweglichen Zweisamkeit enthalten sein. Der Mensch soll in beiden Werten Heimat und Zuflucht zugleich finden. Es ist müßig, über Schuld oder Unschuld dieser Fehlentwicklung aus verschiedenen Positionen heraus nachzudenken.

Denn wenn eine Schuldzuweisung hinsichtlich des Zusammenschlusses besteht, ergibt sich diese Gemeinschaftsschuld auch aus einer Einzelhaftung. Natürlich ist eine klassenlose Gesellschaft nur das blauäugige Ergebnis einer fehlorientierten Gesinnung.

Wenn wir aber nicht dazu bereit sind, den Einzelnen mit einem zum Zusammenschluss führenden Gedanken zu versehen, dann wuchert der egoistische Kern des Menschen weiter wie ein Krebsgeschwür innerhalb des Gemeinschaftspotenzials. Aus einem rein geistigen Egoismus resultiert ein materieller Egoismus. Hier trifft auch der Umkehrschluss zu. Wir müssen also den bedenkenswerten Zustand einer fehlgeleiteten Gesellschaft zu einer gleichartigen, grundorientierten Gesellschaft wandeln.

Anders gesagt: Jedes Ich resultiert aus dem Wir. Jedes Du ist die Anbindung zum Ich. Das sollten wir verstehen. Das gemeinsame Wir ist der gemeinsame Nenner. Daher müssen wir lernen dazuzulernen. Es besteht also eine Notwendigkeit, das zwischenmenschliche Gespräch aufrechtzuerhalten, durchsichtiger und tragbarer zu gestalten. Denn Entfremdung ist auch falsches und fehlendes Verständnis. Fremder unter Fremden – das ist wohl ein abscheulicher Gedanke. Sind wir denn nur Treibgut im Strom der Zeit oder wollen wir nicht lieber die Brücken des Verständnisses und der Liebe schlagen?

In der bildlichen Darstellung wird hier vieles offenbar. Oftmals sind wir in unserem Leben Strandgut des Lebens und der Liebe. Im hohen Wellengang der Gefühle zum Ich, Du und Wir sind wir einer ganz besonderen Reizwelt unterworfen. Ebbe und Flut unseres Schicksalsweges treiben uns am Strand des Lebens hin und her. Wir stranden und besinnen uns auf uns selbst und unser Dasein. Wir begegnen uns im Ich und Wir. In der Besinnung dieser Geschehnisse mit uns selbst sucht unser Herz eine Heimat.

Die Lernbereitschaft hin zu einer artgerechten, zwischenmenschlichen Spiegelungsebene wird aber erst dann leider für uns lebenswichtig, wenn die absolute Schmerzgrenze der Entfremdung erreicht ist. Fremder unter Fremden – ein Wahn, der bereits Wahrheit ist! Hier bei uns und überall auf der Welt.

Die Vereinsamung der Menschen nimmt dabei erschreckende Formen an. Wer keine Heimat mehr im anderen Land findet, dessen Leben ist öde und leer geworden.

Im nachfolgenden Gedicht *Spiegelbilder* erkennen wir die Schwierigkeit, unser Ich in eine Verhältnismäßigkeit zu unserem Geist und zu unserer Umwelt zu setzen.

1.4 Spiegelbilder

Im Rahmen unser eigen Bild
erkennen wir nur Zug um Zug,
was wir erspähen und überquillt,
ist es reiner Selbstbetrug?

Das Bild, das wir erblicken,
ist eingehüllt in Eitelkeit,
des Menschen Sinne sie verquicken,
manch` Frohgemut und Traurigkeit.

So ist’s mit unserer Herrlichkeit,
ein Spiegel zeigt nur eben gleich,
doch Seelenwesen und Fertigkeit
strahlen nicht in seinem Lichterreich.

Die Welt verkehrt ihr ganzes Sein,
was ewig war, ist fehl am Platz.
Der trüben Linse Augenschein
enthüllt mit Weitblick Seelenschatz.

Ein Wandel auf dem Erdenrund
lässt unser Antlitz neu entdecken.
Jahr für Jahr, Tag um Stund
gibt warmes Herzgewölbe kund,
was wir zwar sehen, wohl nie verstehen.

Ein Spiegelbild erreicht die Schranken
im fernen und im nahen Raum
und unser Irren ist ein Spiegel,
ein alter, weiser Lebenstraum.

Natürlichkeit entbehrt den Glanz,
die Herrlichkeit zeigt holdes Licht,
Wahrhaftigkeit ergießt sich ganz
zur Ehre einer Menschenschicht.

Unser Leben ist immer eine Spiegelung des Zeitstromes aus Vergangenheit, Gegenwart und Zukunft. Der Mensch spiegelt sich in einer wunderbaren Weise in den Verknüpfungen und Verwirrungen im Leben wider. Vieles scheint unvollkommen und unreif. Alles ist eingebettet in einem *Kräftespiel im Menschen*. Es ist tragfähig und wohl durchdacht.

1.5 Die Kräfte im Menschen

Wir alle kennen die Theorie von Ursache und Wirkung. In vielen Fällen ist die Wirkung die Erhöhung einer vermehrten Handlungsweise im Verhältnis von Raum und Zeit. Die Faktoren einer kraftvollen Intensität und die Kompensation, die im Bereich eines geistigen Flusses anzusiedeln sind, runden das Bild einer unvorstellbaren Größe ganzheitlich ab. All das ist die Ursache, um im menschlichen Leben geistige, seelische und auch körperlich interaktiv zu werden und dem Anspruch einer Wechselbeziehung der vorhandenen Kräfte gerecht zu werden.

In der vernetzten Übertragung von Verstand und Gefühl erreichen wir im Idealfall das Gleichgewicht im Menschen. Durch die Spiegelung eigener und fremder Lebensinhalte bewegt sich das Lot der Waage des Geistes aus seinem Zentrum und wir ruhen nicht mehr in seiner Mitte. Tröstend sei gesagt, dass die perspektivische Mitte bei den meisten Menschen nur von sehr kurzer Dauer gehalten werden kann. Zur Erklärung sei noch zu erwähnen, dass die geistige Mitte – im Gegensatz zur menschlichen Egozentrik – nicht negativ personifiziert und wertneutral ist.

So stelle ich die Behauptung auf, dass sich geistige, seelische und körperliche Schwächen in ihrem Dreiecksverhältnis gegenseitig wechselabhängig, zumindest natürlich begründet, ausgleichen. Schlechte und gute Pole werden in ihrem Kraftfeld aufgegeben und es beginnt ein kaum nachvollziehbares Spiel der Kräfte im Menschen. Die Stärke eines Menschen gründet daher in seiner Schwäche.

Die Schwäche des Menschen ist meist im betroffenen Bereich vorrangig zu suchen, denn der ausgleichende und regulierende Magnetismus der Kräfte hat oft die Wurzel im gesamten Dreiecksgefüge des Menschen.

Schwäche, beispielsweise geistiges, körperliches oder seelisches Leiden, stellt daher keinen negativen Blickpunkt im Lebenslauf eines Menschen dar, sondern sie ist der positiv gesteuerte Anfang einer Wandlung zu einer neuen Lebensqualität und einer dimensionalen Bewusstseinsbildung. Die vermeintliche Schwäche entsteht daher schöpferisch und teilweise unbewusst im Kraftfeld eines Menschen und birgt alle guten Auswahlrechte in sich.

Ich wage die Behauptung, dass die erkannte, regulierbare Schwäche ein großes Vermögen zu einer guten Konzeption und vernünftiger Austauschbarkeit in sich trägt. Daher ist oft die Stärke eines Menschen unterschwellig, zeitversetzt und zerstörerisch. In all den Jahren menschlichen Lebens und Wirkens war die Schwäche von Wesen und Materie der Ansatzpunkt zu einer recht guten Erfahrung und Erkenntnis.

Wir in Deutschland leben jedoch in einer leistungsorientierten, materiell begründeten Gesellschaftsform, in der wir der Banalität einer „sozialen“ Hackordnung unterliegen. Schwäche wird bei uns als Minderwertigkeit und akzeptanzloser Zustand im „Gesellschaftsbild“ angesehen. Chancenlos unterliegen die schwachen Menschen einer egozentrischen und selbstsüchtigen, unmenschlichen Gesellschaftsschichtung.

Der Tag entsteht in der dunklen Nacht. Ein Kind wird geboren – menschliche Schwäche erreicht das Licht. So sind all unser Leiden und unsere Schwachheit der Samen für ein neues Bewusstsein unseres Lebens. Im Gleichgewicht der Mitte und der Zeit werden wir das Spektrum der Liebe und der Gnade erreichen. Wir sollten erkennen, dass der Weg des schwachen Menschen in das Licht führt und die einseitige, machtvolle Stärke in der Dämmerung des Abends endet.

Ein unvollkommener, schwacher Mensch gewinnt durch die Reife seiner Lebensjahre an Farbe und Fülle – ein Mensch wie der *Scherbenmann*.

1.6 Der Scherbenmann

Es war an einem Tag der zeitlosen Zeit, der Vergangenheit, der Gegenwart und der Zukunft. Der Tag, an dem der Scherbenmann in unsere Welt geboren wurde. In einem Land der Fantasie, das gleich neben dem der Realität liegt.

Seine Eltern lebten als arme Tagelöhner von der Hand in den Mund und trotz aller Armut waren sie mit dem Schicksal des Lebens zufrieden. Aus dem Scherbenmann wurde ein junger, kräftiger Mann. Er fühlte, dass es doch noch mehr in seinem Leben geben musste, als Tag um Tag, Stunde um Stunde seinem Lebenskampf ausgeliefert zu sein. So machte er sich auf den Weg in die weite Welt, um dort sein Glück zu finden. In der nächsten größeren Stadt wollte er sich als arbeitsamer Mensch eine Stelle suchen. Aufgrund der Armut seiner Eltern war er schon früh an schwere Tätigkeiten gewöhnt. Doch hatte er als Kind keine Schule besucht und eine Lehre war ihm nicht gelungen.

Überall, wo er in den großen, reichen Städten an die Türen klopfte, wurde er gefragt: „Was bist du, hast du, kannst du?" Er konnte nichts aufweisen. So wurden vor ihm immer wieder die Türen zugeschlagen. Besitzen tat er außer der armseligen Kleidung auf seinem Leibe nichts. Er war auch weder von Herkunft noch Rang. So zog er immer mutloser von einem Haus zum nächsten, von einer verwehrten Türe zur anderen.

Auf seinem Weg durch die Städte und Dörfer kam er hinaus in die freie, herrliche Natur. Sie wurde ihm Trost und Freude im Jammertal seines Lebens. Seinen Weg hatte er sich ganz anders vorgestellt. Das Schicksal trieb wohl ein Possenspiel mit ihm. Je mehr er sich von seiner Welt voller Illusionen und Hoffnungen abwendete, umso mehr war er auf der Suche nach sich selbst. Nach dem Sinn seines Lebens. Jede Ablehnung, jede zugeschlagene Türe und jede Lieblosigkeit gaben ihm Erfahrung und Erkenntnis auf seinen Weg durch die Welt. In der Gunst einer Stunde kam er in Lohn und Brot bei einem alten Meister einer kleinen, halbzerfallenen Glashütte. Der hatte selbst nicht viel und stellte dennoch den zerlumpten Scherbenmann – mitleidsvoll – ein. Im Schweiße seines Angesichts und glücklich, sich verdingt zu haben, arbeitete der Scherbenmann in der Glasbläserei. Bald war er von der Welt des Glases fasziniert.

Die Urbestandteile dieser Erde waren im Zaubertanz mit dem Feuer und der gleißenden Glut vereint. Die Gewalten dieser Vereinigung schufen etwas Klares und doch Zerbrechliches. Sein Herz hing in diesen Tagen besonders an dem farbenprächtigen Buntglas seiner Zeit. Der Meister aber hatte bald keine Arbeit mehr für ihn und es begab sich die Zeit und er machte sich auf hinaus in die Welt. Aber erst einmal führte sein Weg an den Dörfern und Städten des Landes vorbei. Hier und dort fand er auf seinem Weg mehrere kleine und große Glasscherben. In Erinnerung an die vergangenen, glücklichen Tage in der alten Glashütte hob er sie auf und steckte sie sorgsam in seinen kleinen Lederbeutel. Er sammelte von nun an diese Scherben.

Bald waren seine restlichen Münzen für die Arbeit in der Glashütte aufgebraucht und er ging – hoffnungsfroh – in die Städte und Dörfer. Als er wieder an neue Türen klopfte, wurde er immer wieder abgewiesen. Die Leute fragten ihn die alten Fragen. Enttäuscht und entmutigt verließ er die Siedlungen.

Am Ende seiner Kräfte, öffnete er auf einer großen Waldlichtung seinen kleinen, staubigen Lederbeutel. Er nahm die Scherben Stück für Stück in die Hand. Jede einzelne Glasscherbe hatte ihn auf seinem Lebensweg begleitet. Dadurch waren sie zu einem Teil seines Lebens geworden. An manche hatte er frohe und an einige traurige Erinnerungen. Waren sie doch alle aus einem Material. Gedankenverloren sinnierte er und hob die nächste Glasscherbe zum Licht. Die Sonne brach in diesem Augenblick sanft durch die Wolken und die alte Scherbe zeigte ihm Licht und die ganze Pracht ihrer Farbe. Traurig füllte er seinen Scherbenschatz in einen alten Glaskrug. Er hatte ihn als Dank für seine Arbeit vom Meister erhalten. Er hielt den gefüllten Glaskrug in das Sonnenlicht. Das Farbenspiel der bunten Scherben zeigte sich durch die Kraft des Lichtes und der Klarheit. Er schüttelte den gefüllten Glaskrug und es formierten sich immer wieder neue Gebilde seiner Fantasie. Er spürte, dass in diesem kleinen Krug nicht nur die Scherben enthalten waren, sondern sein Lebensinhalt und Seelenschatz. Seine Wünsche, Gedanken, seine Träume und seine Hoffnungen. Er sah tief in sich hinein und der Scherbenmann wurde plötzlich ruhig und zufrieden. So begriff er, was er hatte, konnte und wollte. Es war stets in seinem kleinen Lederbeutel enthalten gewesen.

Als er wieder in einer großen Stadt an Türen klopfte und die Menschen ihn wieder das Gleiche fragten, dachte er an seinen Lederbeutel und seine Scherben.

Auch wenn er kein Dach über dem Kopf hatte und nicht wusste, wie er den nächsten Tag meistern sollte, war er als gelassener Mensch innerlich zufrieden und glücklich. Er sehnte sich nach seinen Eltern und auf dem Weg durch Wälder und Felder nährte er sich von der Natur.

Bis jetzt hatte er nicht begriffen, wie seine Eltern in ihrer Armut zufrieden sein konnten. Auf dem Weg in seine Heimat spotteten die Leute ihm nach: „Schaut euch diesen zerrissenen, zerlumpten und arbeitsscheuen Kerl an, der hat es zu nichts gebracht außer einem Beutel wertloser Scherben!“

Die Leute sprachen und waren dumm. So waren sie es wohl und so werden sie es bleiben. Dass es dieser Mensch zu einem inneren Reichtum, der nicht mit Geld und Gut aufzuwiegen war, gebracht hatte, konnten sie nicht begreifen. Selbst seine Lebenszufriedenheit konnten sie nicht nachvollziehen. Die meisten Leute in den Städten und Dörfern strebten immer mehr nach Ruhm, nach mehr Stand und nach mehr Habe.

Der Scherbenmann aber gab seinen Reichtum den Armen im Lande, mit seinem Herzen und seiner Güte, weiter. Er bereitete ihnen ein Leben voller Würde, Respekt und Achtung vor sich selbst. Es ermöglichte ihnen zu bestehen und sich auf die wahren Werte eines menschenwürdigen Daseins zu besinnen.

Nicht die Äußerlichkeiten weisen uns als wertvollen Menschen aus. Nicht all das, mit dem wir uns umgeben und haben. So auch nicht die Antworten auf die uns bekannten drei Fragen. Sondern es ist der Seelenschatz, der uns auf eine wundersame Art und Weise als wertvollen Menschen auszeichnet.

Dieser Seelenschatz liegt verborgen und umhüllt auf dem *Seelengrund*. Wir alle tragen den Schatz der Seele in uns. Wenn wir nach ihm suchen, wird alles Leben offenbar und wahrhaftig.

1.7 Im Seelengrund

Im Grund der Seele liegt das Leben,
nicht das volle, doch die Fülle.
Nicht nur nehmen, sondern geben
ist der Kern der Herzenshülle.

Freude haben wir reich erlangt
und der Lebensstern erhellt,
traurig haben wir gebangt,
im Labyrinth der Seelenwelt.

Friede liegt im Seelengrund
wie die Not und arge Pein,
aber in einem Hoffnungsbund
wird die Seele Lichterschein.

Hier im Grund liegt die Wahrheit,
manch Seelenschatz und Zaubertanz,
sieh, des Menschen volle Klarheit
erreicht die Pracht der Seele ganz.

Ja, wir haben ihn oft durchmessen,
die Liebe da und das Leiden dort,
und wir haben das Herz vergessen
auf lichtem Weg zum hehren Ort.

Soll unser Leben Possen treiben
auf der weiten Erdenbahn,
wird das stille Reich uns bleiben,
seelenvoll, gleich wundersam.

Ja, wir haben ihn oft durchmessen, die Liebe da und das Leiden dort und wir haben das Herz vergessen auf lichtem Weg zum hehren Ort. Im Spannungsbogen zwischen *Liebe und Leiden*, zwischen Gefühl und Verstand wird vieles offenkundig.

In der stillen Sehnsucht nach Erfüllung unserer Liebe, nach der Wende des Schattens in das Licht werden wir dem hohen Geist menschlichen Lebens gewahr.

1.8 Liebe und Leiden

In der Liebe liegt das Leiden,
unverhofft, doch offenbar,
und die Sehnsucht klingt in beiden
hoffnungsvoll, gar sonderbar.

In der Liebe liegt die Freude,
sanftes Licht und Glücklichsein,
und das Leiden birgt im Heute
Dunkelheit gleich Morgenschein.

Wenn die Nacht ist überwunden,
wir des Herzens Freiheit sehen,
ist das Licht fern der Stunden
und alles Leiden wird vergehen.

So ist Liebe und Leiden Fügung,
helles Licht und dunkle Nacht,
darin liegt des Menschen Prüfung
und seine Seele ist entfacht.

So bekommen unser Leben und unsere „Lebensliebe“ einen besonderen Sinn. Unser Leben macht nicht an einem Punkt halt, sondern es verbindet und fällt in neue Lebenswege auseinander. Erkenntlich wird uns dieser tragende Geist in der nachfolgenden Geschichte des *Januarparks*.

2. Zeitzeichen als Wege

2.1. Januarpark

Nebliggrau ist es im Park. Die Bäume stehen kahl nebeneinander. Das Laub des sonnigen Herbstes ist abgefallen. Die vierte Jahreszeit mit ihrer frostigen Kälte und der weißen Pracht will nicht wirklich herrschen. Ein leichter Wind spielt mit dem faulen Laub und treibt die restlichen Blätter über die schmutzigbraune Erde. Den Menschen im Park fehlt die wärmende, klärende Sonne.

Oft tragen wir einen hoffnungsvollen Lichtstrahl in unserem Herzen, ohne ihn mit geöffneter Seele zu erkennen. Das Licht wärmt uns die Gedanken an das Heute und Jetzt sowie auch an den nächsten Tag. An Zuversicht und zukünftiges Glück auf diesem Erdenrund.

Es ist Zeit, sich in die Stille unserer Seele zu begeben und nach dem Guten zu suchen, das hier zu verblassen scheint. Bejahendes Erkennen heißt Fortschritt. Negatives darf nicht geleugnet werden, aber es ist in seiner Wandlung des geistigen Anspruches Grundlage, um das Positive zu erkennen. So, wie sich die Parkwege kreuzen und sich miteinander verbinden, verlaufen die Lebensschicksale vieler uns nahestehender Menschen. Sie kreuzen sich, sie verbinden und laufen nebeneinander her. An irgendeinem, kaum sichtbaren, Punkt dieser Lebenswege trennen sie sich, um für immer auseinanderzugehen.

Der kürzere oder längere Weg fordert beschaulich zum lohnenden Gang durch das Leben auf.

Jeder von ihnen hat sein Ziel im vermeintlichen Irrgarten unseres Seins. Zeit, sie kommt – Zeit, sie geht. In uns allen bleibt ein Stück Erinnerung zurück. Ein Stück an den vergangenen Tag und auch das letzte Jahr. Lebenserinnerung an sonnige Zeiten des Glückes und der erkannten Zufriedenheit. Die Alltäglichkeit unseres Wetters hat die Bäume des Parks gegerbt und an ihrem Schutzmantel der Rinde verwitterte Narben hinterlassen. Unsere Seele zeigt ähnliche Narben, aber die Zeit glättet die Unebenheiten des Lebens.

Jede Wurzel dieses Baumes nährt den Stamm, nährt den Ast und nährt den Zweig. Im Erkennen des Gesamtbildes versuchen wir zu verstehen, dass dieses naturgegebene Lebenswerk nur in der Gemeinsamkeit Fortbestand hat. Das ist der Kreislauf der Natur zwischen dem Werden und Vergehen. Zwischen dem Bringen des grünenden Blattes, des zarten Keimes oder auch der reifen Frucht. Dem Wechsel der Verfärbung und dem Niedergang der Blätter. Im Alter zehren wir von der Erinnerung an unsere – beschränkte –

Lebenszeit. Wir begreifen, dass es auch für uns, als ein Teil der Natur, eine Zukunft gibt.

Der Schicksalsschatten weist auf den alten Baum. Er fällt unter den schweren, dumpfen Schlägen der Axt im Park – es stirbt der Stamm. Ein vermoderter Stumpf bleibt als Zeichen seiner Vergangenheit zurück. Die Wurzeln zerfallen und vergehen im Erdreich. Sie bringen die Grundlage für lebensspendende Hoffnung und neue Kraft für ein späteres, erfülltes Leben.

So ist der Weg das Ziel – das Leben der Sinn. Unsere irdische Lebenszeit ist beschränkt. Sie ist aber der Samen für die Zeit nach der Zeit. Diese Lebenszeit weist über den eingegrenzten irdischen Rahmen hinaus. In unserem Leben sind wir die *Weltenwanderer* der Vergänglichkeit.

2.2 Weltenwanderer

Als Mensch bist du der Erde Gast
in Jahr und Tag, mit Müh' und Hast.
Du weißt, die Lebenszeit läuft ab
vom Wiegenschrei bis hin zum Grab.

Reichtum und Stand werden nicht gelten,
Du bist der Wanderer zwischen den Welten.

Vor Petrus' großen Himmelstoren,
steht dein Seelenlicht verloren,
Friede und Liebe sollen werden
für dich als Wanderer von Erden.

Erinnere dich, wohl mit Geschick,
ans Herzeleid und Lebensglück.
War nur dein Ich auf Erden groß,
gabst du Pein und Sorgen bloß?

Hat die Machtgier dich geritten
und lässt dich der Teufel bitten?
War das dein ganzer Lebensschatz?
Komm, sprich an diesem Platz!

Sieh, vor Gott, dem höchsten Richter,
ist gleich und gleich der Seelen Lichter
vom Bettelsmann zum großen Helden,
auch sie nur Wanderer zwischen Welten.

So zeichnet sich ein großes Gefüge unseres Lebens ab. Alles ist fließend und treibend. In unseren aktiven Lebensjahren quellen wir wie lebendiges Wasser und treiben wir im *Strom* der Zeit.

2.3 Lebensstrom

Das Leben ist wie der Quell des Wassers. Aus dunklem Untergrund kommt es empor, erquickt Leib und Seele und plätschert jugendlich und unbekümmert vom Ursprung durch Wiesen und Auen des Glückes seiner Zukunft entgegen. Stellt das Schicksal ihm einen Stein in den Weg, dann weicht der Bach nicht aus, denn Zeit und Ziel lassen durch weiche Wogen das Gestein zerstören. Die Quelle wurde zum Bach, zum Fluss und zum Strom … Und mitten im Strom unseres Lebens speichern wir Energie und brausen mit viel Lärm und Getöse den Niederungen entgegen.

Kommen wir in das ruhige Fahrwasser, fließen wir besonnen und träge dem großen Meer zu. Der Strom vereint sich mit ihm und sein Weg ist zu Ende. Das Leben wird zu Staub und so wie die Wellen des Meeres das Wasser des Stromes fortspülen, werden wir zu Staub. Unsere Gedanken und unsere Herzen werden mit der Luft vereint. Wir beginnen für eine neue Welt erneut zu leben!

Die Wellen des Wassers sind die Wogen der Fügung Gottes. Sie sind die Lebensbrunnen der Ewigkeit und der *Freudenquell* der Seele. In ihnen quillt das Schicksal als der grenzenlose Geist Gottes in den Tag.

2.4 Freudenquell

Zwischen Freude und Genießen
und des Herzens wahrer Lust
werden Lebensbrunnen fließen
in der Seele tiefer Brust.

Alle Sinne quellen heiter
in dem Bach, der Liebe trägt,
einmal hier und immer weiter,
strömt er leis' und unentwegt.

Frohsinn herrschet uns im Leben
und die Liebe nährt den Strom,
vages Weilen, eifriges Streben
sind des Lebens Ökonom.

Freude fließt im großen Fluss
an dem Tag und in der Zeit,
Heiterkeit statt Weltverdruss,
Gottes Gaben ohne Leid.

Wir verneigen uns vor der Liebe der Zeit und dem *Wunder des Lebens*. Wir halten in unseren Gedanken inne.

2.5 Das Wunder des Lebens

All meine Hoffnung, all mein Glaube bist du, Herr. Du bist das Tor zur festen Burg meines Herzens. Alle Wunder des Lebens öffnen sich dem, der auf Dich baut und an Dich glaubt. Der Glaube ist mehr als nur der Halt im Leben. Der Glaube ist Dein Geist und Dein Licht, das heller strahlt als die dunkelsten Nächte der Finsternis.

Ich glaube, das heißt: Ich atme, lebe und liebe. Ich traue und glaube an Dich. Alle Last wird dem Gläubigen im Herzen und in der Seele genommen. Der Glaube ist ein Jungbrunnen des Geistes und der Hoffnung. Er wirkt mit uns und durch uns. Alle Wunder des Lebens sind geschaffen, doch nicht vollendet.

Jeder, der auf Dich hofft, baut ein Haus mit tragenden Säulen und einem festen Dach, das Du schützend über ihn hältst.

Glaube ist Liebe, Hoffnung und die Vergebung aus der Gnade und Güte Gottes.

Der Jungbrunnen des Geistes und die Kraft Gottes sind das *Elixier im menschlichen Leben*. Sie sind das farbenfrohe Lebensmosaik und der geöffnete Rahmen in unserem Sein.

2.6 Das Elixier des Lebens

Das Elixier des Lebens gleicht einem Mosaik. Das farbenprächtige Mosaik ist das Symbol für die spektrale Lebensfülle des Menschen. Dieses wertvolle Spiel stellt das Gefüge eines Menschen dar. Der Sinnengang eines Menschen ist in seiner Unvollkommenheit Stückwerk eines Spieles. Inhalt dieses Spieles ist es, den inneren und äußeren Rahmen zu begrenzen und doch zu überschreiten. Der Rahmen der Lebensfülle eines Menschen ist fließend und die Grenzen dieses geistigen Lebens sind unscheinbar.

Dieser globale Rahmen bildet jedoch die Grenze zum eigenen Ich. Wenn wir die Begrenzung des inneren Rahmens sehen, ist uns die Einschränkung unserer Lebensjahre durch den inneren Lebensrahmen bekannt. Was ist aber der innere Rahmen unseres Lebens? Der innere Rahmen unseres Lebens ist schlechthin unser zeitlicher Ich-Bezug, der uns geistig, meist nach innen und außen, als Barriere begrenzt. Im Ich-Bezug sind sehr viele positive und negative Möglichkeiten enthalten. Mit unserem Ich stoßen wir persönlich, zeitlich und räumlich an die Grenzen zum Du und Wir.

Was ist der äußere Rahmen unseres Lebens? Die äußere Fassung unseres Lebens ist unsere Unvollkommenheit, unsere Lebensgrenze und die Mauer zu anderen Dimensionen. Der äußere Rahmen ist die Grenze zum geistigen und stofflosen Sein.

Sein ist mehr als nur das irdische Leben und birgt eine gewisse Unsterblichkeit der Seele und des Geistes in sich. Daraus folgt, dass dieser äußere Rahmen der Lebensfülle an der Grenze der Egozentrik beginnt.

Was erlaubt es uns, diesen Rahmen des stückwerkhaften, irdischen Lebens zu überschreiten und zu sprengen? Hierbei müssen wir an folgende Unterschiede der fließenden Grenzen des Lebens denken. Das Leben hat im natürlichen, bildhaften Geschehen einen Sinn. In unserem bewussten Handeln schaffen wir in unserer körperlichen und geistigen Kreativität eine Spiegelung der irdischen Zeitspanne. Aber die geistige Lebensfülle in ihrem Sein ist höher, als es unser irdischer Geist und unser Wille uns erlauben. Er sprengt den weltlichen Rahmen unserer beschränkten Vorstellungskraft. Dieser geistige Rahmen ist raum- und zeitlos.

So sind wir auf der Erde die Saat im Leben für das geistige Leben nach dem irdischen Leben. Es ist daher ein Fehler, nur in Bruchstückdimensionen zu denken, die uns ein geistiges Leben nur auf dieser Erde gestatten.

Es besteht ein geistig-seelischer und materieloser Kreislauf im Sein. Aber nicht jeder Samen geht zu der Zeit auf, zu der er aufgehen soll. Die naturgegebenen Bedingungen schaffen hier andere Bedingungen. Wir durchwirken in unserem Leben den Kreislauf der Fügung. Daher tragen wir bereits jetzt die Frucht in unserem geistigen Kern, die wir später ernten werden. Die Ernte des Geistes ist nicht materiell, aber sie ist durchströmt von einem kosmischen Zeitgeist, der in seinem ewiglichen Bestand sich von jeder Materie losgelöst hat.

Unser Ich, unser Rahmen, ist daher der persönliche Schatten. Nur in der Loslösung aus unserem Schatten können wir in das Licht des geistigen Seins treten. Unser Sein bildet die ewigliche Bindung an Gott. So wirkt unser Leben richtungweisend aus einer gewissen Glaubensfähigkeit und auf Hoffnung in eine veränderte geistige Zukunft hin.

Wenn das Unrecht vor dem Recht steht, wenn das Licht doch den Schatten unseres Lebens erhellt, wenn die selbstlose Liebe alles annimmt und alles verzeiht, dann sind wir in der *Gnade der Zeit*.

2.7 Die Gnade der Zeit

Hinter den Wolken, nach jeder Zeit,
liegt das Land der Ewigkeit.

Dort fließt das Licht im Herzen
und der Geist bestellt den Sinn,
bei aller Not und allen Schmerzen,
liegt hohe Gnade tief darin.

Erst sterbend im Leben,
dann frei in den Tod –
im Kampf still ergeben
durch des Schicksals Lot.

Die alte Sehnsucht versiegt
und schwere Last fällt ab,
die Finsternis erliegt
im vergänglichen Grab.

Ein Engel wird walten
im Namen des Herrn,
kein Mensch soll erkalten
im Zeichen des Stern.

So wird der Knecht zum Herren,
der Große wird sein Knecht,
keiner kann sich erwehren
der Weisheit und dem Recht.

Das Heil umhüllt die Wunden,
die Dunkelheit erlischt,
kein Frieren und Darben
in dem Haus aus Licht.

Die alten Mauern aus Stein
zerbrechen zu klarem Glas
nach Hunger und Pein,
den der Mensch vergaß.

Der Wandel im Leben
zählt in diesem Raum,
der Herr wird uns geben,
die Frucht als Baum.

Aus Licht strömt der Frieden,
aus Gnade die Zeit,
so werden wir dienen,
denn die Liebe verbleibt.

Die Gnade der Zeit ist der wärmende Mantel der Liebe, der unsere Seele umhüllt. Diese Liebe ist der allgegenwärtige Schein in unserem Leben. Wir sind geborgen und behütet in einem Raum, der über die Grenzen der Endlichkeit hinausweist.

Wir sind der unvollkommene Samen der Ewigkeit, der sich im Glanz der *Lebensblüte* erschließt.

2.8 Die Lebensblüte

Unser Leben ist wie eine wunderschöne, zauberhafte Blume im Garten der Mutter Erde. Wir werden durch die Liebe und die Kraft der Natur gezeugt und wachsen in unserer Jugend rasch empor. Die zarte Knospe öffnet sich und wendet das Innere nach außen. Unsere Blütezeit ist die Pracht und der schönste Ausdruck Gottes Wortes und Willens. So, wie wir es als Menschen sind.

Der kühle Tau und das Wasser der Mutter Erde spenden uns Leben und Nahrung. Die Blüte dient den fleißigen Bienen und sie tragen das Herz unseres Wesens weiter in die Natur. So bleibt unsere Art erhalten. Tag für Tag und Jahr für Jahr.

Wir ziehen uns im Rausch der Vereinigung mit Fauna und Flora unser schönstes Kleid an. Wir verschließen uns der Kälte und der Dunkelheit des Lebens. Geborgen und geliebt, überstehen wir die rauen und wilden Tage des Frühlings und des Sommers. Hoffnungsvoll öffnen wir unseren Kelch in der Wärme des Morgens und lassen das sanfte Licht des Tages bis tief in unser Herz strömen.

Kommt ein Wanderer des Weges und bricht uns am Wiesenrand, vergehen wir in dieser Zeit. Die Natur ist zerbrechlich und zu schützen. So wie der Mensch zerbrechlich ist und des Schutzes bedarf. Die Blüte ist geschaffen für die Zeit. Schönheit ist vergänglich. So vergehen auch wir. Wenn wir im Herbst des Lebens unsere Aufgabe als Werk vollendet haben, verwelkt auch die Blüte am Abend des Lichtes. Der Regenbogen ist das Zeichen des Friedens. Nach dem schweren Gewitter neigt er sich in seinem Farbenglanz das letzte Mal noch über unseren Hort und die Wurzeln der Pflanze vergehen im Erdreich. Der Kreislauf der Natur schließt sich als Gabe Gottes und wir zerfallen in unserer Mutter Erde.

Das Dasein ist begrenzt, aber unser geistiges Leben kennt keinen Saum. Unser irdisches Leben ist das Wechselspiel zwischen Schatten und Licht, zwischen Aufbruch und Vergehen. Die zarte Knospe der Liebe, die Lebensblüte, ist wie der Frühling ein Erwachen des Geistes und der Seele. Alles Wachsen und Gedeihen in unserem Leben geschieht auf Hoffnung hin. Licht und hell sind dann die *Impressionen des Frühlings*. Sie sind der ewige Bestand und der Spiegel unserer Seele.

2.9 Frühlingsimpressionen

Die Abendglocken klingen fern
durch dich, mein weites Tal,
und in dem kleinen Birkenhain
rauscht leis' der Blätterwall.

Der Flieder betört mit süßem Duft
den blauen Äther wunderbar,
der Lenz ist voller Zauberluft
wie schon im letzten Jahr.

Die Zeit, sie kommt, die Zeit, sie geht
beim Werden und Vergehen,
der Schöpfung folgt der letzte Fall
und bringt das Werk zum Stehen.

Die Sonne sinkt am Firmament
auf Gottes weiter Flur
und eine stille Sehnsucht brennt
am Busen der Natur.

Die Lebensblüte ist allen Widrigkeiten und Launen der Natur ausgesetzt. So wie wir. Aber unsere Seele ist die fruchtbringende Kornkammer des Menschen. Wir werden diesseits oder jenseits von Eden den Menschen immer an seinen Früchten des Fühlens, Handelns und Denkens erkennen. Wir alle tragen den Samen für unsere fruchtvolle oder fruchtlose Zukunft in der *Kornkammer der Seele*.

2.10 Kornkammer der Seele

Im lauen Wind wiegt das Kornfeld im schwachen Morgenlicht der Sommersonne. Das Wellenmeer der Ähren hat den Unwillen des letzten, schweren Gewitters getrotzt und hat nur leichte Schäden im Feld davongetragen. Nach den vielen mageren Erntejahren der vergangenen Zeit ging auch diesmal die Saat erst spärlich und spät auf.

Nach Wochen des Kummers steht das reife Korn nun hoch und voller Kraft im Feld. Wird es geschnitten und zu Garben gebunden, sehen wir, was uns unsere Arbeit und die Natur in dieser Zeit beschert haben. Der schwere Dreschschlegel trennt das Korn in Frucht und Spreu. Der Wind spielt einen Zaubertanz mit der geschiedenen Spreu und zeigt uns den Abschied von der Vereinigung. War es ein gutes Erntejahr? Selbst wenn der Lohn für unsere Mühsal karg ist, sollten wir die reichen Jahre des Feldes und unserer inneren Kornkammer im Spiegel der Vergangenheit, der Gegenwart und der hoffnungsvollen Zukunft betrachten.

So, wie das Ährenmeer des Korns, das auf dem weiten, hellen Feld steht, brauchen wir Hoffnung, Zuversicht und vor allem wärmende Liebe auf dem fruchtbringenden Acker unseres Lebens. Der kühle Tau der Nacht schenkt dem Korn Kraft und spendet Leben nach dem trostlosen Gestern für die gemeinsame Zukunft mit dem Heute.

Steht das natürliche Korn des Lebens auf fruchtbringendem Boden, sammeln wir im durchlebten Wechselspiel in Leib und Seele die neue Erkenntnis des guten Ertrages, aber auch die bittere Erfahrung unserer Missernten. Jedoch den wahren Wert dessen, was unsere Kornkammer der Seele mit Reichtum füllt und unser Wesen bildet, werden wir dann erst in Zukunft zu schätzen wissen. Diese Fruchtkammer ist das Elixier und der erkannte Nährboden für Geist und Seele des Menschen. Steht das Korn nach einem langen Winter der Bitternis und Entbehrung schlecht im Feld, sollten wir begreifen, dass Geist und Seele dieses Lebensbodens in dieser naturgegebenen Ruhezeit Kraft und segensreiches Wachstum für kommendes Leben speichern. Die Schwäche unseres Herzens ist dann der heilsame Nährboden einer hoffnungsvollen Zukunft.

Grämen wir uns also nicht darüber! Wir wollen ja auch diese eine Ernte in den großen und gar endlos scheinenden Speicher unseres Herzens und unserer Seele einfahren. Eine Missernte bedeutet deshalb keinen schlechten Ackergrund und kein schlechtes Jahr. Wir werden erst in der Distanz den wahren Wert in der Gesamtheit der Dimensionen unserer Lebensernte erkennen und begreifen.

Hohle Spreu und gute Frucht wurden in unserer Ernte getrennt und das

Ausbringen der neuen Saat einer beginnenden Lebenszeit wird mit kleiner Hoffnung und vager Zuversicht auf diesen schicksalsdurchfurchten Acker des Lebens gesät. Nach einem Jahr steht das Korn wieder reif im Feld und das Ährenmeer ist der Lohn unserer Mühe. Jetzt erkennen wir dankbar den unendlichen Kreislauf der herrlichen schöpfungsbegründeten Natur.

Wir begreifen, dass unsere Lebenszeit und somit die irdische, menschliche Liebe vom Ganzen nur ein Bruchteil ist und der Mensch in seiner irdischen Unvollkommenheit an die Grenze seiner beschränkten Vorstellungsebene stößt. Die Zeit des Daseins ist uns und für uns gegeben worden und wird uns wieder genommen werden.

Sollten wir daher mutlos diesen Lebensacker brach liegen lassen und uns bequem im eigenen Ich der Krustenform verbergen? Nein, auf unserem erfahrenen Lebensacker kommen auch der erste Keim und die erste Frucht für die anderen, geliebten Menschen her. So wie in den weiteren Lebensfluren der neue Samen für uns selbst entstanden ist.

Die Dämmerung scheidet allmählich den Tag von der Nacht. Der Acker wurde vom jetzigen Ich das letzte Mal bestellt. Die Zeit des Sämannes ist vorbei und das Pendel unserer eigenen Lebensuhr ruht in seiner Mitte. Wir werden im Spiegel ferner Zeiten unser einstiges Lebenswerk betrachten und es als Werden und Vergehen sehen. Wir begreifen, dass dieser Acker der Acker des Schöpfers ist. Das erreichte Lebenswerk ist vollendet und dieser fruchtbringende Nährboden ist für uns nicht mehr Gegenstand von Raum und Zeit.

Wenn wir uns in unserem Sein von der schicksalsträchtigen Materie des Lebens gelöst haben, wenn alles sinnlos Scheinende mit einem tiefen Sinn belegt worden ist, dann wölbt sich in der Zufriedenheit unseres Geistes der Abend über unsere Seele und das Licht umhüllt den ewigen Frieden.

2.11 Im Tal

Still wölbt sich der Abend übers Land,
goldfarben glänzt das Ährenmeer,
der Tag gibt sanft der Nacht die Hand,
lau weht der Wind von Weitem her.

Die Vögel singen zart und leis'
vom Tag, vom alten Tage,
das Licht ergießt sich hell und weiß,
kein Wunsch ist nunmehr Frage.

Die Matten bedecken Wald und Flur,
kein Schmerz führt sie zur Qual,
das ist der Lauf der Mutter Natur –
ein Leben ohne Lug und Fall.

Im Tal ist weder Rast noch ruhen,
das Lied der Arbeit tönet laut,
sie wollen nur das eine tun
und mancher hat auf Gott gebaut.

Das Licht scheidet den alten Tag
und taucht die Welt in Frieden,
die Angst, die Pein, die Not und Plag
werden nicht im Tal geschieden.

Jede Sonne steigt am Morgen des Lichtes im Osten auf und fällt in der Dämmerung des Lebens im Westen in die dunkle Nacht zurück. Das Leben birgt in sich die frühlingshafte Liebe des Anfangs und die herbstliche Trauer der Vergänglichkeit. So verliert der Baum das welke Laub, die Stare ziehen nach Süden fort und in den Alleen liegt der alte Staub wie des Lebens letztes Wort. Es beginnt der *wilde Reigen*.

2.12 Der wilde Reigen

Wenn das Jahr zur Neige geht
und der Herbstwind leise weht,
ist malerisch die schöne Zeit
ein Aufbruch der Vergänglichkeit.

Bunt ist der Schöpfung Kleid,
herrlich schweift das Auge nun,
gefallen ist die Ewigkeit –
die Natur beginnt zu ruh'n.

Der Baum verliert das welke Laub,
die Stare ziehen nach Süden fort
und in den Alleen liegt der alte Staub
wie des Lebens letztes Wort.

Der Wind rüttelt am Blätterwall
und es beginnt der wilde Reigen,
der Sturz des Blattes, ein Zauberfall,
die gute Welt hüllt sich in Schweigen.

Der Fall vom Laub – die Einsamkeit –
das Sterben hat hier seinen Bund,
Baum und Blatt, die Zweisamkeit,
weisen tief auf des Menschen Grund.

Der Tag senkt sich zur Nacht
und eine Welt vergeht im Licht,
die Sterne sind des Himmels Pracht,
sie leuchten ins klare Angesicht.

Nichts im Menschen ist grundlos, alles hat ewiglichen Bestand, auch wenn wir das in den durchwirkten Lebensjahren der Prüfung und der Reife nicht erkennen und verstehen.

Aber wir sind die Wurzeln des *Baumes der Erkenntnis* und seine Frucht zugleich.

2.13 Der Baum der Erkenntnis

Die Früchte unserer Seele sind die durchschaute Reife vom Baum der Erkenntnis.

In einem Land der zeitlosen Zeit, gleich einem Paradies, steht in einem Hain von Bäumen der tragende Baum der Erkenntnis. Der starke Stamm, als Wunder der Natur, kennzeichnet ihn. Er wächst auf dem Boden Gottes und dem Acker des Lebens.

Die Liebe nährt den Stamm, den Ast, den Zweig und das Blatt. Das Licht lässt den Baum gleich einem Wunder des Schöpfers erstrahlen. In seinem Stamm wohnt der Frieden der Welt und seine Jahresringe bilden die Ewigkeit, die nie ersterben wird. Sein Blätterdach grünt in der Farbe der Hoffnung und das Leben ist die reiche Blütenpracht der Erkenntnis. Diese wunderbaren Blüten bringen die zarten Früchte des Baumes zur vollen Reife. In ihr sind die wahren Werte des Lebens enthalten. Freiheit, Glück, Zufriedenheit und die Harmonie unserer Welt. Diese Früchte sind entstanden auf dem Acker Gottes und des Lebens.

Hüte dich vor der Schlange der Versuchung und zeige ihr Schild und Wappen. Ernte nur die Frucht, die du tragen kannst und du wirst – reinen Herzens – sehen und begreifen, wie herrlich dieser Baum ist. Diese Früchte symbolisieren das Leben und das Sterben des Menschen im Reich der Erkenntnis. Die Weisheit der Erkenntnis ist ein Geschenk Gottes. Jeder Mensch darf vom Baum essen, aber der Baum umfasst auch das Böse der Versuchung, das in jedem Menschen enthalten ist. Sei also auf der Hut vor dem Bösen. So pflücke im Leben nur die Früchte des Herzens, der Liebe und des Lichtes.

An den guten und schlechten Früchten werden wir die Menschen erkennen, darum *setze Gutes in die Welt*, denn der Samen einer hoffnungsvollen Gegenwart wird meistens die reiche Ernte einer verheißungsvollen Zukunft sein.

2.14 Setze Gutes in die Welt!

Setze Gutes in die Welt! Damit der Keim der guten Frucht neue Saat für ein neues Leben bringt.

Doch trenne sorgsam Spreu von Weizen – gute Saat von schlechten Körnern. Nur der frische Trieb der Natur bringt die Kraft dort, wo in vielen Generationen die gute Saat beim ersten Mal auf fruchtbaren Boden fiel. Durch eigene Kraft hat sich im Entwickeln des Guten die Frucht vervielfältigt und damit neue Frucht und neue Saat gebracht.

Bestelle nicht die Ländereien derer, die Hab und Gut besitzen und es sich ohne eigenes Geben angeeignet haben. Sondern gehe in die kargen Gärten derer, die den hoffnungsvollen Boden für deine Lebenssaat haben.
Wenn du den Spaten in diesen Gärten gebraucht hast, dann stelle ihn wieder fort und widme dich mit umsorgender Liebe dort, wo deine Hilfe gebraucht wird. Zeit und Mühe deines Lebens werden diese friedvollen Gärten bestellen. Aber sei auf der Hut vor Unkraut und Geziefer und du wirst sehen, dass du rechtschaffen gehandelt hast.

Darum setze gute Frucht auf den kargen Boden unserer heutigen Welt. Es ist nicht wichtig, welchen Namen wir führen oder welchen Stand wir haben und wie wir bisher gelebt haben. Es ist wichtig, was wir wollen! Denn das Leben hat einen tiefen, friedvollen Sinn im Teilen und im Geben und Nehmen von Menschlichkeit und Liebe. Darum setze Gutes in die Welt, damit das Gute Frucht trägt und aus einer schimmernden, hoffnungsvollen Zukunft erwachsen kann. Du wirst deinem Leben den Sinn verleihen, der den Frieden deines Herzens und die wärmende Freude deinen Mitmenschen verheißt.

Keim und Frucht sind die Zeit und der Raum unseres Geistes. Sie sind die Verkünder einer Vergangenheit, die Leben und Fügung heißen.

2.15 Keim und Frucht

Wenn des Menschen Augen schweifen,
gehört ihm die ganze Welt.
Keim und Frucht, sie müssen reifen,
wenn das Licht den Geist erhellt.

Schatten der Vergangenheit
lassen Zeit und Ziel verstehen
und im Meer der Ewigkeit
gründet Aufbruch und Vergehen.

Gold hast du in deinem Herzen,
wenn es Not und Freude trägt,
Demut und die sanften Schmerzen
sind in deinem Kreis bewegt.

Wende stetig die Medaille,
in des Lebens langen Lauf,
denn das Glück ist die Kanaille,
wechselt stetig ab und auf.

Keim und Frucht sind in ihrer zeitlichen Distanz das Leben schlechthin. Sie sind die Zeichen aus einer Vergangenheit, die uns leitet und trägt, aber sie sind auch die Gewichtung unseres Geistes, der die *Lebenswaage* im Lot hält oder das Gleichgewicht durch Liebe und Leid verändert.

3. Zeitzeichen des Lebens

3.1 Die große Lebenswaage

Vor kurzer Zeit fragte mich ein Bekannter, ob die große Lebenswaage dieser Welt noch im Gleichgewicht wäre? Die Frage konnte ich mit einem klaren Nein beantworten.

In unserer Besinnungslosigkeit eines egoistischen und machtsüchtigen Fühlens, Denkens und Handelns ist diese „große Lebenswaage" schon lange nicht mehr in ihrem Gleichgewicht. Das gilt nicht nur für den ökonomischen und ökologischen Teil unserer Erde, sondern auch für den zwischenmenschlichen, geistigen und moralischen Teil der Menschheit. Um das Gleichgewicht wieder herzustellen, ist es sicherlich nicht damit getan, nur Umweltschutz doppelbödig zu propagieren, verschollene Dioxinfässer zu entsorgen, Müllkippen abzubauen und Braunkohlehalden zu rekultivieren. Es ergibt auch keinen Sinn, bei den schrecklichen Bildern der Kriegsschauplätze nichtstuend zu erschaudern und das Weihnachts- und Osterfest friedvoll und „scheinheilig christlich" zu begehen.

Doch was müssen wir also in die Waagschale des Lebens legen, um noch eine Gegengewichtung zu erreichen? Der krankhafte Balanceakt der Gleichgültigkeit und der selbstsüchtigen Egozentrik muss beendet werden. Wir müssen uns auf die Grundwerte einer menschlichen Gesellschaft besinnen und in unserem Herzen ein seelisches Gleichgewicht schaffen, bevor in uns ein „neuer Zeitgeist" in Frieden einkehren kann.

Wir haben in den letzten Jahrzehnten erlebt, dass die Menschheit zu „großen Leistungen" fähig ist. Noch zu gut erinnern wir uns an das herrschende Gleichgewicht des Schreckens, die beiderseitige militärische Bewaffnung der Supermächte mit nuklearen Atomsprengköpfen. Diese atomare Bewaffnung „sicherte" weiten Teilen der Welt einen machtbedingten, nationalistischen Anspruch durch ihre egozentrische Verhaltensweise. Warum kann also ein negatives Beispiel der Zeitgeschichte nicht einen positiven Umkehrschluss finden?

Die große Lebenswaage ist auch im wirtschaftlichen Bereich nicht mehr im Lot und wir sprechen bereits von einer ersten, zweiten und dritten Welt. Auf der egoistischen Palette wird die Erde in Farbskalen und Währungsstrategien eingeteilt, die sich im Schein negativer Verhaltensweisen widerspiegeln.

Das Gleichgewicht sollte zu jeder Zeit die Mitte unseres geistig bewussten Lebens sein. Wir werden es finden, wenn wir das lebensfördernde Lot erreichen. Es ist das Lot des Lichtes und der Wahrheit. Diese Gewichtung einer moralischen Mitte tragen wir in unseren Herzen und Händen. Die Lebenswaage bildet in uns das Werden und Vergehen im Reich Gottes. Daher sollten wir in unserem Dasein immer um einen gewichtigen Ausgleich bemüht sein, denn erst am Tag der Besinnung werden wir in unserer Lebenswaage das notwendige Gleichgewicht erreichen.

Die Lebenswaage ist nicht mehr im Lot. Egozentrik und Egoismus der Menschheit haben das Gleichgewicht der Lebenswaage einseitig negativ verändert. Das moralische Recht wurde gebeugt und gebrochen – so stehen wir mit unserem *irdischen Recht* vor dem Scherbenhaufen der Zeit.

3.2 Das irdische Recht

Du bist die Hure allemal
und treibst es mit der Erde Macht,
der Schwache stirbt in deiner Qual
und endet in der dunklen Nacht.

Du dienst dem Geld,
dem Stolz und dem Gut
auf dieser Welt
trotz Last und viel Blut.

Du zollst Tribut der wilden Gier
und eine Welt zerfällt in mir.
Ich, der noch an das Gute glaubt,
bin Geist und Sinnen bald beraubt.

Ihr Mächtigen dieser Welt,
ihr beugt das Recht in eurem Sinn,
der späte Tod ist euch bestellt
und fragt nicht nach dem Reingewinn.

Das Recht ist stets die Relation,
vom eigenen Ich zum Wirrgefühl,
doch eure falsche Destruktion
ist meistens nur ein Trauerspiel.

Das rechte Maß erreicht ihr nicht
und steht euch selber nur im Weg,
doch Gottes ewiges Gericht,
sind Sanftmut und der Gnadensteg.

Die Waagschalen dieser Welt sind nicht mehr im Gleichgewicht und die Zeit verrinnt in den Schatten der Erde. Alles scheint ohne Wahrheit, Sinn und Vernunft. Wir sind die letzten Glieder in der *Wüste der Hoffnungslosigkeit*.

3.3 Die Wüste der Hoffnungslosigkeit

Da war noch die Düne aus Sand in der Wüste der Hoffnungslosigkeit. Sie wanderte von einer Stelle zur anderen und vernichtete den Keim des Lebens. Sie zerstörte die Felder und Äcker und auch den Menschen. Kam ein Mensch, so musste er erst die Oberfläche von Sand und Stein, von Neid und Egoismus befreien. Dann grub er mit den Händen und seinem Herzen die feuchte Erde fort und fand das Elixier des Lebens. Er fand zu sich selbst. Aus dem Spiegel des Grundwassers und seiner Seele schöpfte er mit vollen Händen das Wasser und die Liebe.

Er reichte es seinem Nächsten, damit sich dieser am köstlichen Nass erfreuen und laben konnte. Wo ist diese Wanderdüne aus Neid, Hass und Zerstörungswut? Hat sie uns begraben? Graben wir? Oder wissen wir nicht den wahren Wert des kostbaren Wassers und des Lebens zu schätzen? Es ist finstere Nacht und der leise Wind treibt Korn für Korn des Sandes immer weiter. Wo ist diese Wüste, können wir ihr entkommen oder befinden wir uns mittendrin? Besitzen wir noch Stab und Stecken, uns den Weg in Freiheit, Glück und in die Liebe zu bahnen?

Die Wüste der Hoffnungslosigkeit ist überall auf dieser Welt. Sie ist die egoistische Abfolge des Gartens Eden und die Erben Kains stehen im Blut vor dem *Abgrund der Ewigkeit.*

3.4 Abgrund der Ewigkeit

Zerschlagen und zerschunden,
so steht die Welt vor dir, mein Gott,
und tiefe, weite Lebenswunden
zerschellen nur in Hohn und Spott.

Wild zerklüftet ist die Welt -
lodert hell im Rausch der Zeit,
das Leiden unter dem Himmelszelt
öffnet den Abgrund der Ewigkeit.

Wir ziehen das Schwert
im Kampf um das Gut
und verachten den Wert
vom irdischen Blut.

Wir treiben im Strom der menschlichen Gier,
das ewig' Vergehen zerfließt als Spalier.
Dem Falle geweiht, dem Schmerz zugedacht,
kein Toter verzeiht in dunkler Nacht.

Wir bäumen uns auf, ein letztes Mal noch
und vergehen darauf im irdischen Loch.
Der Abgrund beginnt im Jahr und im Raum,
das Leben zerrinnt und endet im Saum.

Der Fall ist der Sturz in eine andere Welt,
der Weg ist nicht kurz, doch der Weg ist bestellt.
Das Ende dieser Weltenzeit
hält einen neuen Anfang bereit.

Ein Tag – und wir werden bald verstehen,
die Erde ist mehr als Kommen und Gehen.

Denken und Handeln ist der Spiegel unserer Zeit. Die Gegenwart birgt die Vergangenheit und die Zukunft in sich. Stehen wir heute an einem Endpunkt menschlicher Geschichtsschreibung oder erwächst aus der reinigenden Glut der Verdammnis eine neue Welt? Wie weit sind wir von *Sodom und Gomorrha* entfernt?

3.5 Sodom und Gomorrha

Sodom und Gomorrha waren gemäß des Alten Testaments zwei Städte am Toten Meer, die nach dem ersten Buch Mose 19 wegen der besonderen Sündhaftigkeit ihrer Bewohner durch einen Feuer- und Schwefelregen im Zorn Gottes vernichtet wurden. Als die Bevölkerung in das Haus Lots eindrang, raubten die zwei Engel Gottes ihnen die Sinne und die Bewohner wurden, in ihrer Ausweglosigkeit, mit Blindheit geschlagen.

Aber sind Sodom und Gomorrha nicht überall auf dieser Welt? Jetzt hier und in dieser Zeit? Sind wir nicht in unserer alltäglichen, lasterhaften Sünde blind geworden für die Belange unserer Mitmenschen und der Natur? Haben uns nicht unser Egoismus und unsere Egozentrik den Weg verstellt?

Wir sind unseres daseinsgemäßen, tragenden Bewusstseins nicht mehr mächtig und verfallen in unsere eigene Ohnmacht. Wir sind taub geworden für unser Umfeld und leiden in unserer Gefühlskälte unter einem schwachen Sinn. Gedankenlosigkeit, Unsensibilität und Oberflächlichkeit in allen Lebensbereichen. So bauen wir der Sünde und dem Laster kein Haus, sondern sind im schleichenden Zug der Zeit bereits dessen Bewohner. Das Licht der Welt weicht der Finsternis unseres Herzens und unser Handeln und Denken gleicht in seiner Zerstörung dem bildlichen Verfall von Sodom und Gomorrha.

Daher ist es Zeit zu Umkehr, Einsicht und Zuversicht. Die Gnade Gottes ist nicht unerschöpflich und wir können nur auf seine Gnade im Rahmen unserer Möglichkeiten hoffen. In einer offenen Auseinandersetzung mit uns selbst werden wir dann den Weg aus unserer Ausweglosigkeit finden.

Fern ist mir, „Moral“ zu predigen. Denn jede Moral setzt den fruchtbaren Boden für das gute und wahre Wort voraus. Der Boden dieser, unserer Welt ist aber durch Blut und Moder sauer und brüchig geworden und nur ein kleines Pflänzchen mit dem Namen „Hoffnung“ der Menschen wächst noch darauf. Dieser Pflanze gilt es, den Nährboden, das Licht und die wärmende Liebe zu geben, damit wir wieder zu unseren Sinnen finden, die Gott uns einst gegeben hat.

Alles im Leben basiert auf Hoffnung. Unsere Geburt, unsere Freude, unser Leid und unser Tod. So ist die Hoffnung in ihrer Erwartung in unserer Sünde ein Akt der unverdienten Gnade. Diese Gnade ist der *Hoffnungsschimmer* der Welt.

3.6 Der Hoffnungsschimmer

Silbrig glänzt er am Firmament,
zart, wie ihn meine Seele kennt,
erquicket hell des Lebens Nacht
und ergießt sich in der Pracht.

So ist der Schein fast trügerisch,
die Dunkelheit verbirgt das Licht,
doch sanfter Glanz im weiten Land,
das Zeichen kommt aus Gottes Hand.

Lasst unser Leben stetig wenden,
die Fülle wahrt den großen Raum,
die Fügung tragen wir in den Händen,
die heilige Hoffnung trägt keinen Saum.

Wie können wir bei all dem Geschehen auf dieser Welt noch hoffen? Sind wir nicht die Verblendeten der Zeit? Haben wir unserem Gott abgeschworen und sind die Götzendiener einer eigensüchtigen Welt geworden? Hat der *Tanz um das goldene Kalb* nicht schon längst begonnen?

3.7 Der Tanz um das goldene Kalb

Die Sünde hat viele Gesichter und der Tanz um das goldene Kalb beginnt. Wir erinnern uns: Der Tanz um das goldene Kalb ist eine biblische Geschichte aus dem zweiten Buch Mose 32, 1-4, aus dem Alten Testament. Das goldene Kalb war für das Volk von Israel ein Götzenbild. Götzenbilder sind Abgötter verehrter Gegenstände, als Bilder oder Statuen in Menschen- oder Tiergestalt dargestellt. Aber sie können auch materieller Art sein. Um sie ranken sich bestimmte Kulthandlungen (Götzendienste).

... und Gott sprach: „Ich bin der Herr, dein Gott. Du sollst keine anderen Götter neben mir haben!"

Viele von uns sind sicherlich der Meinung, dass Götzenbild und der Götzendienst Relikte aus alter, längst vergangener Zeit sind. Aber in der Ohnmacht einer unwirklichen Glaubensfähigkeit sind wir in der heutigen Zeit gerne dazu bereit, Götzenbilder wiederzugeben. Rückblickend, besonders in der politischen Landschaft unseres Jahrhunderts, fallen mir auch in Europa etliche Götzenbilder ein. Das Götzenbild hat im Laufe der menschlichen Evolution eine Wandlung durchlebt.

In der Existenz unseres wirtschaftlichen Materialismus und der Allmacht des Geldes schaffen wir uns in unserer heutigen „aufgeklärten Zeit" Götzenbilder besonderer Art. Diese Götzenbilder sind ein Ersatz für eine unerfüllte Sehnsucht der Menschen. In ihnen sieht der Mensch seine persönliche Leitfunktion und seinen tieferen Lebenssinn. Aber nicht nur ein unpersönlicher Materialismus, sondern auch falsche, diktatorische Ideologien und ein nationalistischer Fanatismus sind an die Stelle früherer Götzenbilder getreten. Wir huldigen auf dem Altar eines unmenschlichen Denkens und Handelns dem materiellen Überfluss einer machtpolitischen, profitorientierten Welt. So opfern wir unsere Persönlichkeit einem falschen Weltbild und somit ist unser eigenes Verhältnis eine allgegenwärtige Reflexion aus einer fehlorientierten Welt.

Ich rede hier nicht von den individuellen, grundlegenden Bedürfnissen der Menschen, sondern vielmehr von einer „Ersatzdroge" eines nicht wirklichen Lebenssinnes. Inwieweit wir in dieser Struktur enthalten sind und ob wir unser Gewissen an Gut und Geld hängen, dass muss jeder in einem persönlichen Zwiegespräch mit sich selbst ausmachen. Wir sollten aber überdenken, wie wir im Rahmen einer persönlichen Bestandsaufnahme unser Verhältnis zum benötigten wirtschaftlichen Überfluss klären können.

Denn erst dann werden wir uns aus einer Besinnungslosigkeit unseres einseitigen, materiellen Denkens und Handelns lösen und einer Öffnung eines wahren Lebenssinnes entgegentreten. Zur Bewältigung des emotionalen Rückstandes müssen wir uns aus dem Sumpf der Nacht und der Lüge befreien.

Vorurteilslose Objektivität und ein geistiges Spektrum der notwendigen Konsequenz können nur auf den Weg von *Wahrheit und Klarheit* führen.

3.8 Wahrheit und Klarheit

Was ist, wenn die Wirklichkeit sich zum Wahnsinn bestellt
und der Weltenirrsinn uns die Wahrheit und Klarheit verstellt,
wir uns nur noch im Aberwitz des Egoismus erkennen
und unsere Herzen und Seelen verbrennen?

Glaube mir, der Wahnwitz von heute
ist im Morgen der Realismus der Leute
und wenn sie dann in das Gestern sehen,
werden sie sich im Spiegel der Egozentrik verstehen.

Darum sage mir, wo ist die Wahrhaftigkeit vom Licht,
wenn Liebe und Glaube in uns zerbricht?

So erspüre in dir die wahre Menschenwelt,
bevor der Sinn der Menschheit zerfällt.
Glaube an das Gute in uns zu aller Zeit
und Hoffnung und Verständnis werden bereit.

Bereit sein für eine ganze Welt,
wo wahrlich nur Frieden und Freundschaft zählt.

Egoismus und Egozentrik sind die negative Symphonie des Tanzes der Eigenlüge, doch den Takt dieses teuflischen Reigens schlagen die Habgier und die *Machtsucht*.

3.9 Machtsucht

Schon in den Anfängen der biblischen Geschichte, in den Urfamilien der Menschheit war die Macht als Mittel der Mächtigen gegenwärtig. Das Machtinstrumentarium basiert, wenn man seinen eigentlichen Inhalt überprüft, aus einem Unterwerfer und einem Unterworfenen. Alle bisherigen Machtstrukturen, egal welche politischen Ideologien auch bestanden, sind auf dieser Aussage gegründet.

Sicher haben wir in unserer „modernen, aufgeklärten Zeit" Strukturen der Macht, die eine „zivilisierte" Verfahrensweise erlauben, aber das fragwürdige Grundprinzip der Machtausübung besteht weiterhin fort. Überlegen wir uns einmal die grundlegende menschliche Motivation zur Macht, deren Erhaltung, Ausübung und Mehrung unter dem Aspekt der menschlichen Lebenszeit.

Jeder Machtgedanke besteht aus einem von jeder Grundlage losgelösten Prinzip. Nicht nur im politischen, sondern auch im wissenschaftlichen, wirtschaftlichen, sozialen und kirchlichen Rahmen unserer Zeit.

Dieses Prinzip stellt innerhalb eines autoritären, hierarchischen Machtgefüges – ab einer gewissen Größe oder Pluralität des Objektes – den egozentrischen Alleinanspruch durch einen gewissen Personenkult des Machtgebers oder eines Machtorganes dar. Eine humane Gleichberechtigung der unterworfenen Masse schließt dieses Prinzip gänzlich aus. Dadurch scheinen der Alleinvertretungsanspruch und die Machterhaltung jeder vorstellbaren Macht gesichert. Die Sicherung der Macht wird durch Machthaber daher zum gedanklichen Gebot erkoren.

Jede menschliche Macht setzt sich aus einer Vielzahl von inneren und äußeren Faktoren zusammen. Die Machtherrschaft ist innerhalb der absoluten Egozentrik der mittelbare Kern des Ausdruckes jeder Macht. Sie verleiht dem Herrschenden vermeintliche Größe und Selbstdarstellung. Breiter Ruhm und Anerkennung sind in diesem Sinn die Zielsetzung der Machtspitze beim Volk. Die Machtherrschaft wird in Versammlungen, Parteien und Gremien ausgeübt und ist aber aufgrund einer organisatorischen Art einer Präsentialvertretung, wenn auch nur zeitlich, in der Spitze zentriert.

Die Erhaltung und Mehrung von Macht ist das primäre Ziel jeder Machtherrschaft. Eine Gewaltenteilung des Machtanspruches wird nur dann getätigt, wenn sich daraus ein zeitlich abgeschlossener, berechenbarer Vorteil zur Machterhaltung und Machtmehrung ergibt. Um das Machtmonopol aufrechtzuerhalten, sind alle „geeigneten" Maßnahmen – bis hin zur Brachialgewalt durch die Mächtigen – gerechtfertigt. Daher sind die Botschaft und das Votum jeder Macht, wenn man es inhaltlich auf ein Minimum reduziert, eindeutig.

Der stolze Hochmut und die Dominanz der Machtgier sind sinnverwandte Strukturen für die Macht.

Wir leisten daher einen „humanen Offenbarungseid" gegenüber den Machtstrukturen und sind einem Imponiergehabe einer Sandkastenstrategie der Mächtigen schonungslos ausgeliefert.

Aufgrund egoistischer und gewinnträchtiger Gedankenstrukturen besteht jede Macht in der Bedingung ihrer selbst. Jede Zerstörung eines Machtgefüges gründet auf ihren eigenen Verfall und ist im Leben und Sterben jedes Machtapparates enthalten.

Aber wo Macht bisher zerfällt, gründet sich neue Macht. Die Wegbereiter dafür sind subjektive Ideologen. Daraus bildet sich skrupelloses Denken bis in die Spitze zu einer totalitären Struktur. Aus jüngster deutscher Geschichte können wir feststellen, dass im Personenkult der Diktatur der alleinige unumstößliche Machtanspruch und die maßlose „Machtsucht" verkörpert wurden. Ein Leben eines Menschen ist mit seinem Tod beendet, doch in dem Machterhalt der Mächtigen können Machtgefüge menschliche Generationen überdauern. Hier besteht nicht nur eine tiefgreifende Auswirkung einer Erblast auf die einzelnen Menschen, sondern auch auf die Gemeinschaften, Völker und Kontinente. Aktive oder passive Gewaltausübung ist das äußere Zeichen jeder herrschenden Hierarchie.

Aber bedenken wir, dass der Urheber jeder äußeren Gewalt das ideologische Machtbild der egozentrischen, menschlichen Gedankenwelt ist. Ein Machtverzicht nach innen und nach außen kann also nur auf einer Loslösung aus der gedanklichen Egozentrik basieren. Machtentsagung bedeutet Gewaltverzicht – Verzicht auf alle Arten der Gewalt ist das Symbol für eine Friedensentwicklung innerhalb der Lebensfülle der Menschheit. Wenn wir unsere alten Machtstrukturen auf ihre humane Tauglichkeit überprüfen und uns auf vielen Gebieten des menschlichen Lebens von unserem Machtanspruch lösen, dann werden wir zukünftig den friedvollen Weg eines weitgehend autoritär beschränkten Lebens gehen können.

Das ist ein kleiner Schritt für die Zeit – aber ein großer Sprung für die Menschheit.

Machtsüchtige Gedankenspiele sind das Produkt einer erbarmungslosen Egozentrik. Auf dem *Schachbrett* einer geistigen Genialität und einer gnadenlosen Eigenliebe entstehen die Wurzeln eines falschen Verstandes in einer lieblosen Welt.

3.10 Die alte Schachanekdote

In zwei Reihen stehen sie wieder
auf dem Brett aus Schwarz und Weiß,
ob Verlierer, Remis oder Sieger,
Kampfgetümmel hat seinen Preis.

Sieh', die Schlacht ist im Gang,
Bauer schlägt jetzt en passant,
Turm hat vor dem Springer Rang
und die Stellung ist entbrannt.

Schach – welch' königliches Spiel
mit Verstand und manch' Genie,
Opferlast und kaum Gefühl
zwingt es Gegner in die Knie.

Wer hat auf dem Brett die Macht,
wenn des Gegners König fällt?
Laut des Teufels Stimme lacht,
war so der Verlust bestellt?

Licht und Schatten sind die Felder,
da kein Frieden, dort nur Krieg,
glaube mir, der wahre Meister
triumphiert nicht bei jedem Sieg!

Aber die Macht, die ich gar meine,
wenn im Licht die Felder glänzen,
haben nicht du und nicht die Steine,
nein, im Schachbrett sind die Grenzen.

Bretter, die die Welt bedeuten,
findest du im Schauspielhaus,
doch im Sinnen und im Deuten
füllt das Weltbrett keiner aus.
Wenn das Erdenschach vollzogen,
jedes Feld frei von Hab und Gier,
wird die Welt zum Frieden erhoben,
er liegt tief in dir und mir.

Spiele nie mit der Menschheit Schach,
auch wenn Satan das Matt verspricht,
halte wohl Geist und Seele wach,
bevor der Sinn der Welt zerbricht.

Die Finsternis hat keine Schranken,
so bedenke reichlich Zug um Zug,
denn der das Gute bringt zum Wanken,
umgibt sich nur mit Lug und Trug.

Der stolze Hochmut und die Dominanz der Machtgier sind sinnverwandte Strukturen für die Macht. In der bildlichen Darstellung des nachfolgenden Textes erkennen wir, dass der *Hochmut* aus der Egozentrik stammt und nur die *Demut* uns aus einem Akt der humanen Unbarmherzigkeit lösen kann.

3.11 Hochmut und Demut

So führt uns der Weg aus dem Talkessel des Lebens über die Wiesen und die Auen unseres Seins zu den Hügeln unseres Selbstverständnisses und unserer Selbstgerechtigkeit. Das eigensüchtige Ziel vor Augen, das Erreichen und Erklimmen unseres persönlichen Lebensgipfels. Wir streben schneller und beharrlicher der Höhe entgegen. Aber trotz aller Beschwernis des Weges und des zu erreichenden Zieles achten wir nicht auf unseren Tritt. Überheblichkeit und Leichtfertigkeit stellen sich ein. Die gewonnene Höhe und der steile Weg nach oben führen zur Geringschätzung und sogar Verachtung all dessen, was hinter uns liegt. Nur unser Weg und wir selber zählen. In unserer Selbstherrlichkeit erheben wir uns zum „Maßstab aller Dinge". Der Boden allen Erreichbaren ist unsicher und brüchig. Er birgt die versteckte Gefahr des eigenen Niedergangs und den Fall des Menschen in sich selbst.

Auf dem Weg zum Ziel und dem Kern unserer Egozentrik werden wir in der Besinnungslosigkeit dieser Lebensfülle, dem „Hohen Mut" und seiner Waghalsigkeit, nicht gewahr. Dem hochmütigen Menschen gilt kein Wert. Er frönt nur der eigenen Wertschätzung und leidet an Selbstüberschätzung. Diese Position der anmaßenden Selbstherrlichkeit wird von Verachtung, übermäßigem Stolz und einer skrupellosen Eigensucht im Denken und Handeln des Menschen getragen. Falsche Lebensfreude, Überschwang und Ruhmsucht warten auf ihn am Gipfel der Begierde.

Hochmut kommt vor dem Fall – und Demut weit danach. Der Fall ist ein Sturz – ein Sturz in die Tiefe. Erst einmal tritt er weniger nach außen als nach innen in Erscheinung.

Wir fallen und fallen
und Gott weiß in allem,
nur Demut im Leben
kann Hochmut vergeben.

Der Fall ist groß und mächtig. Die Tiefe des Falles ist der Nährboden für den humanen Anfang des Menschen.

Wenn wir mit zerschlagenem Stolz am Boden liegen, wird in uns nach geraumer Zeit die Erinnerung an unsere eigentliche Herkunft wieder wach.

Wir kommen im Geist und im Herzen zu Bewusstsein und spüren den festen, starken Boden unserer Mutter Erde unter uns. Alsdann sind wahre Reue und Buße die Weggefährten zu unserer Demut vor Gott. Im Wandel unserer Persönlichkeit erkennen wir, dass die Bescheidenheit und das vage

Hoffen die Garanten für unsere Demut sind. Wenn wir uns mit dem Wasser des Glaubens erfrischen und das Brot der Nächstenliebe brechen, erfassen wir den wahren Sinn des tiefen Falles. Demut ist kein zersetzender Zustand, sondern sie ist die aufbauende Hoffnung zu Gott und zu uns selbst. Der Kniefall der Demut ist der Kniefall der Kreatur vor seinem Schöpfer. Der Kniefall ist ein Fall, der nicht zwingt, sondern der die aufhelfende Kraft Gottes in sich trägt. Dieser Fall ist der Glaube des Menschen an Gott schlechthin. Darum wird kein Mensch durchfallen, der in seiner Demut um die Liebe, Gnade und Güte Gottes weiß.

Im Tal des Lebens und der Liebe führt der Weg den Menschen wieder zurück zu Gott. Im Glauben an den Schöpfer spürt der Mensch den Lebenssinn und die Gültigkeit Gottes in seiner Demut.

Doch die Wirklichkeit sieht anders aus. Umschlungen von der Nacht, liegen wir als Gefangener der eigenen Welt in der *Kette der Verdammnis*.

3.12 Die Kette der Verdammnis

Der hochmütige Mensch ist gefangen in der Kette der Verdammnis. – Der Mensch wird frei in diese Welt in Liebe und Geborgenheit geboren.
Auf dem Weg durch das Leben treten die meisten Menschen den langen Weg in die eigene Gefangenschaft an.

Die Menschen sind nicht gefangen in Raum und Zeit, sondern sie sind Täter und Opfer ihrer selbst. Falsche Gefühle und ein falsches Selbstverständnis lasten an ihnen wie eine Eisenkette mit einem Klotz am Bein. Die dunkle Kette der eigenen Beschwernis will kein Ende nehmen. Die schweren, geschmiedeten Glieder der Kette bestehen aus Habgier, blankem Neid und großer Missgunst. Ebenso aus Lüge, Zorn und blindem Hass. Aber auch das Unrecht und die Sünde sind Glieder der Kette der Lebenslast. Der skrupellose Egoismus hängt wie ein Klotz am Bein des Menschen.

Die Selbstsucht stellt sich dem Menschen in den Lebensweg und verstellt ihm seine Möglichkeiten. Schon seit vielen Jahrhunderten schleppen die meisten Menschen die schweren, rasselnden Ketten ihrer eigenen Verdammnis hinter sich her. Das stärkste Glied aber ist vor dem Klotz am Bein und die Menschen können diese Kette nur Glied um Glied zum Menschen hin lösen.

Dann lässt der Schlüssel der Liebe die Habgier zur Bescheidenheit werden. Die Lüge wird zur Wahrheit des Herzens. Das Unrecht wird zum Recht und die Schuld zur Unschuld. Erst die Rücksicht auf andere Menschen und das friedfertige Verständnis löst den Klotz am Bein.

Für viele Menschen ist diese Entkettung aus ihrer eigenen Dunkelheit ein langer, mühsamer Weg zu ihrem Herzen. Einige können die Kette nur teilweise lösen und somit Last abtragen, andere Menschen wiederum werden zu aller Zeit die Gefangenschaft nie überwinden. Sie nehmen das Vermächtnis der Finsternis ihrer Seele mit in ihr Grab.

Nur wenige Menschen können die starken Glieder der Kette sprengen und werden frei für die Liebe, den Frieden, das Licht und die Hoffnung in sich und anderen Weggefährten.

Die Kette der Verdammnis ist die teuflische Fessel jedes Menschen. Wenn wir uns aus der Egozentrik unseres Lebens lösen, dann werden wir neue geistige Perspektiven für ein verändertes Dasein haben. Doch nicht nur der einzelne Mensch, sondern der gesamte Erdenball ist gefangen im *Band der Finsternis*.

3.13 Das Band der Finsternis

Die Erde klagt und windet sich,
im Blut ist sie gefangen,
des Menschen Werk ist schauerlich
und tausend Engel bangen.

Die Welt zerfällt in Nacht und Tag
und Satan ist ihr Leiden,
der Rausch der Zeit, was werden mag,
verbrennt, erschlägt die beiden.

Umschlungen um des Menschen Joch
hält er der Erden Bande,
umhüllt als Schein das schwarze Loch
im dunklen, tiefen Lande.

Es ist das Band der Finsternis,
das alle Menschen quält,
ihr Hochmut ist das Hindernis,
der Fall ist längst bestellt.

Die Gier der Welt, der Zorn, der Hass
haben es umschlungen,
ein Teufelspakt mit Aderlass
ist durch die Zeit geklungen.

Der Knoten schnürt und schneidet ein,
der Tod reicht uns die Hände
und wild wächst des Feuers Wein,
wenn ich nur Hoffnung fände.

Das Licht erstrahlt am Firmament,
sein Glanz ist unser Segen
und Stück um Stück gelöst, getrennt,
ein Rausch auf allen Wegen.
Der Tag erstrahlt nach dunkler Nacht
und Freude ist auf Erden,
die Welt befreit von Tod und Macht,
gefangen sind Satans Schergen.

Süß scheint der Sünde Last. Aber der wahre Weg ist nicht die breite, bequeme Straße des menschlichen Willens durch das große Tor der Egozentrik, sondern er ist der steinige, unsichere Pfad, der allen Widrigkeiten der Welt ausgesetzt ist. So sind die Irrungen und Widersprüchlichkeiten der Zeit ein Spiegel für unsere Welt. Es sind die *Irrwege* des Menschen.

3.14 Irrwege

In unserer Gegenwart sind wir in vielen humanen Bereichen unseres Daseins an Grenzen, Mauern und Hindernissen im Lebenslabyrinth der Vergänglichkeit gestoßen. Unüberwindbare Hemmnisse türmen sich auf und sind das Produkt evolutions- und generationsbedingter Fehlentwicklungen und Versäumnisse einer desorientierten Weltgesellschaft.

Die vermeintlichen Stärken und Schwächen der Vergangenheit haben uns in den Irrgarten der Gegenwart geführt und blockieren die hoffnungsvolle Zukunft eines natürlichen Zusammenlebens. Völker und Nationen, die ganze Menschheit, sind in die Verknüpfungen und Fallstricke eines negativen, eigensüchtigen Potenzials aus Macht, Egozentrik und Lieblosigkeit gefangen und verstrickt. Der Fall in die Tiefe des Menschen ist daher unausweichlich und nur noch eine Frage der Zeit.

Wie können wir den Gordischen Knoten des Negativen, der Wunden und Narben der Welt, lösen, ohne ihn mit einem Hieb zu durchschlagen und den Bestand der Erde zu gefährden? Die Lösung liegt in der Bewältigung der Vergangenheit. Im Humanismus der Grundwerte der Menschheit.

Erst wenn wir uns in eine vernunftorientierte Aufarbeitung der vergangenen Geschehnisse einfließen lassen, also einen systematischen, gedanklichen Zeitsprung in die alte Zeit wagen, werden wir in einem liebevollen Verständnis das Lebensspektrum erfahren und erkennen, dass uns den Weg in die Zukunft weist. Der weise Weg in unsere Zukunft ist erst einmal ein sequenzweiser, vernunftorientierter Weg in die Vergangenheit.

Die Erde und die Menschen sind verschüttet vom Staub, Blut und Moder der Epochen. Diese Erdschicht ist kalt und unfruchtbar. Die Wurzeln unserer Vergangenheit liegen tief im fruchtbaren Humus einer Zeit, von der aller Generationsgang einmal ausging. Irrwege der Menschen unterliegen den Gesetzen von Zeit und Raum. Der Rückweg der Menschheit ist aber ein Schritt nach vorne. Nur wenn wir die guten Dimensionen dieser Welt würdigen und achten, wird das Licht des Lebens kein *Flackerlicht* sein. Der emotionale Kraftakt der Menschheit wird dann ein Energieträger der Hoffnung sein, der unserer Welt Zukunft verheißt.

3.15 Flackerlicht

Vorbei ist des Tages Licht,
die Stunde liegt im Dunkeln,
der Nebel nimmt Land und Sicht,
die Sterne nimmer funkeln.

Die Last des Lebens ist so schwer,
keine Hand schließt sich zum Bund
und trotz des großen Himmelsheer'
zerfällt der weite Grund.

Umschlungen von der Dunkelheit
sind Tränen meiner Seele,
das Maß ist die Vergangenheit –
ein Land der Sündenfälle.

Lösch aus, mein altes Flackerlicht,
und löse meinen Kern,
ich bin nur ein armer Wicht
auf deinem großen Stern.

Weis mir den Weg aus dieser Zeit,
denn Hoffnung ist mein Schatz,
das Leben trägt die Endlichkeit
und Liebe hat den Platz. –

So hab ich nicht auf Sand gebaut,
denn Gnade ist Dein Hort,
im weiten Blick hab ich geschaut
nach Wahrheit und dem Wort.

Das Wort, das stetig Liebe trägt,
ist Labsal in der Zeit
und wenn die Hoffnung leise geht,
die Liebe, die verbleibt.

Sind wir mehr oder weniger nicht alle die Flackerlichter der Zeit? Sind wir nicht auf die Gnade des Lebens angewiesen?

Der Tod ist nur der Spiegel zur Geburt. Alles, was entstanden ist, blüht und reift heran. Aber alles Unvollkommene ist dem Verfall und dem Sterben unterworfen. Viele Fragen bleiben dann noch offen und die letzte Antwort verhallt im Wind der Vergänglichkeit. Kein Abschied – kein letzter Gruß. So nimmt das Schicksal seinen Lauf und fragt nicht nach Tag und Stunde.

So war auch der *Tod meines Freundes* für ihn Vergehen und für mich ein Aufbruch der Zeit.

4. Zeitzeichen des Todes

4.1 Mein Freund

In der Nacht bist du von mir gegangen – für immer und alle Zeit dieser Welt. Kein Abschied – kein letztes Wort. Dein Tod schmerzt mich tief.
Er trennt uns nur zu Lebzeiten. Vielmehr ist er Bindeglied der Liebe und der Erinnerung. Als treuer Weggefährte meines Lebens hast du in deiner Unvollkommenheit, mit allen ihren menschlichen Schwächen, ein erfülltes Leben erfahren. Das Schicksal hat uns zusammengeführt und uns in Freud und Leid die Jahre unseres Lebens gewähren lassen.

Das Wechselspiel zwischen Geben und Nehmen, Offenheit und Treue, Hoffnung und Liebe hat uns die schweren Tage der Freundschaft erträglich gemacht. Freundschaft war für uns immer mehr als nur ein Wort. Es waren das stille Verständnis, die Herzlichkeit und Ehrlichkeit zwischen zwei Menschen, die uns reifen und wachsen ließen.

Das gute Gefühl, einen Freund zu haben, der für einen in der Not da ist, war für uns mehr als nur der rettende Hafen im Wellengang des Lebens. Wir saßen in einem Boot, doch in vielen Dingen waren wir verschieden. Das führte uns zusammen. Unsere Sympathie füreinander brach auch nicht in der Diskussion und der anderen Anschauung auseinander. In deinem Zweifel und in deiner Resignation war ich deine Stütze, wenn du zwischen Gefühl und Verstand geschwankt hast.

Du warst jedoch ein Mensch, der immer zur rechten Zeit am rechten Ort war, um deine herzliche Hilfe zu geben. Du warst kein Mann der großen Worte, aber ein Mensch mit freudiger Tatkraft. Bei allen deinen eigenen Sorgen, die du hattest, fanden andere Menschen stets ein offenes Ohr für ihre Probleme bei dir.

Was mir heute bleibt, ist die schmerzliche Erinnerung an deinen Tod. Du bist über die Brücke gegangen und wir werden uns wiedersehen, wenn mein Leben nicht mehr Gegenstand von Raum und Zeit ist. Du bist in einem Land ohne Macht und Grenzen, einer für uns noch unvorstellbaren Sinneswelt, die dich den Frieden und die Ruhe durch die Kraft deiner Seele spüren lässt.

Danke, Freund, dass es dich gegeben hat!

Menschen sind die Lichter der Welt. Sie sind die Brücken der Liebe und des Leids. Bereits der Schrei des Säuglings ist der Hall des Todes. Das Leben selbst durchwirkt nur Zeit und Raum. Es beginnt mit dem ersten Atemzug in dieser Welt und endet in der *Stille* des Körpers.

4.2 Grabesstille

An des Grabes steiler Wand
lehnt der Tod mit bleicher Hand,
sieh, die Leiche ist noch frisch,
fiel vom Rand des Lebenstisch'.

Bleich liegt er an diesem Ort
und der Sarg ist jetzt sein Hort,
Grabesstille weit und breit –
in der Grube, in der Zeit.

Doch der Tod, er hält die Kluft
zwischen Erde und der Luft,
dunkle Wolken eil'n vorüber,
in dem Grabe alle Glieder
wollen strebend sich erheben
und der Sünde Liebe geben.

Trotz der Mühen und dem Glauben
lässt der Tod sich nicht berauben.
Nun, zu Staube wird der Mann,
Lebenskreis hat Sinn getan.

In der Ruhe, in der Welt
ist für ihn der Weg bestellt,
Irren war sein Leben hier,
Herz und Geist stehen Spalier.

In des Grabes tiefem Grund
schließt Gott mit ihm den Lebensbund.
Nach der langen, dunklen Nacht
ist die Seele neu entfacht.

Kein Mensch der Welt wird je verstehen:
Gott hat uns bestellt – ihr werdet schon sehen!

Jede dunkle Nacht hat ein helles Ende und jedes Ende birgt den Anfang. So wie ein Feuer in der Glut zerfällt, aber auch ein Licht durch die Glut entsteht. Im Rausch der Zeit betritt der Verstorbene eine Welt, die für uns

Hinterbliebene kaum vorstellbar ist. An der letzten Ruhestätte stehen wir fassungslos mit gebrochenem Herzen an der Asche des Lebens. Alles um uns ist tot, wir sind gefangen in der Schattenlandschaft einer Welt der Trauer und der Schmerzen.

4.3 Schattenlandschaft

Ein geliebter Mensch ist von uns gegangen. Wir bleiben zurück. – Sicherlich ist Trauer etwas, das den Menschen mit Herz, Leib und Seele für eine längere Zeit ergreift und schicksalhaft erleben und ertragen lässt. Aber alles im Leben braucht Zeit. Die Sehnsucht nach dem geliebten Menschen, der eng an der Seite war, kann diese Trauer in Form von Aussichtslosigkeit und der Frage nach dem Sinn des Lebens oder des Erlebens und Ertragens seiner Gegenwärtigkeit weit überschatten. Diese Sehnsucht entzieht dem Menschen Hoffnung und Zuversicht, Geliebtheit und eigene Herzenswärme.

So ist der Boden des eigenen Lebens bereits verlassen und der Mensch verkümmert im Schatten des ausladenden Lebensbaumes. Der Mensch hat sich in seinem Schatten verloren. Er erkennt nicht das Licht des Lebens, das Wärme spendet, Gleichgewicht gibt und die eigene Natur bestrahlt. Der Weg aus diesem Schatten ist der Weg durch sich selbst und zu sich selbst. Es ist wichtig, dass wir Kenntnis von der Existenz einer solchen Schattenlandschaft haben, doch wir müssen auch wissen, dass Hoffnung, Zuversicht und Lebenswille erst im Widerschein von Licht und Wärme strahlen.

Der eigene Schicksalsweg im Leben ist gar selten ein Müßiggang und lässt uns oft eigene Grenzen und Möglichkeiten erkennen, die wir dann nach bestem Wissen und Gewissen zu meistern bereit sind.

Das gibt uns wieder Hoffnung und Mut für die Zeit nach der Zeit. Dem Schicksal gegenüber können wir uns nicht auflehnen, aber wir können im eigenen Erkennen, Erfühlen und Erleben aus unserem bisherigen Lebensweg für die Zukunft erfahren und mit Herz und Seele gewappnet sein.

Meistens sieht die Wirklichkeit jedoch anders aus: Unser Herz und unser Geist können sich von der Sehnsucht nach dem Verstorbenen nicht lösen. Raum und Zeit haben den geliebten Menschen freigegeben, doch unser wundes Herz ist die Fangschale für die Tränen unser selbst.

Der Weg des Verstorbenen ist vorbestimmt. Es wird auch der Weg sein, den wir alle gehen müssen. Ein Weg, der über die Brücke des Todes hin zum Licht führen wird. Heim zum *Vater aller Dinge*.

4.4 Friedfertiger Ferge

Friedfertiger Ferge, fahre sacht
durch das Reich der Finsternis,
die Reise dieser Schattenfracht
ist für alle Menschen ungewiss.

Schwarze Vögel schweben hier
in dem Land der Unterwelt,
zeitlos fliegen sie Spalier
über Hades' weitem Feld.

Jede Last hat seinen Weg
aus des Lebens dunkler Nacht,
Vergänglichkeit hat einen Steg,
friedfertiger Ferge, gleite sacht.

Nach der Fahrt durch Hades' Reich
liegt das Land der Ewigkeit
segensvoll und engelsgleich –
Lichterstrom der Herrlichkeit.

Glanz ist des Friedens Licht,
der Wahrheit klares Angesicht,
Gnade und das Weltgericht,
Glaube, Liebe, Zuversicht.

Gottes Liebe ist grenzenlos,
sie ist Anfang ohne Enden,
die Nacht ist die Brücke bloß,
heller Schein in seinen Händen.

Göttlichkeit vom Gnadenthron
ist die Liebe im Himmelslicht
und um aller Welten Lohn
strahlt das ferne Seelenlicht.

Der freie Umgang mit dem Tod ist in unserer Gesellschaft immer noch ein Tabu. Der Tod verschleiert und enthüllt. Nach dem Tod des Verstorbenen beginnt das *Maskenspiel des Todes*.

4.5 Das Maskenspiel des Todes

Für die Fahrt in das Reich der Unterwelt wurde in den alten ägyptischen Kulturen einem Verstorbenen eine Totenmaske angefertigt. Die unsichtbare Maske unserer Zeit hat in ihrer Existenz eine andere Bedeutung. Im Schmerz, der Trennung und dem unfassbaren Abschied vom Verstorbenen treten wir dem Tod mit Ehrfurcht, Respekt und Würde gegenüber. Der Tod nimmt dem Toten und den Hinterbliebenen die Maske vom Gesicht. Im Angesicht des Todes und unserer Fassungslosigkeit werden wir nicht immer von einem offenen und klaren Denken, Fühlen und Handeln geleitet. Die Maske fällt und es beginnt ein Vabanquespiel der Gesichter.

Vieles sehen wir jetzt mit anderen Augen. Wir sehen nicht nur die guten Züge des geliebten Menschen, sondern auch seine erkannten und nicht erkannten Schwächen und Hemmnisse seines Lebens. Man sagt, dass man über einen Toten nicht schlecht sprechen soll. Wenn aber diese Maske zerfällt, erblicken wir unsere Wahrheit und Klarheit, wie der Mensch wirklich gewesen ist. Diese subjektive Meinung lässt jedoch manche Verfälschung zu. Der Verstorbene sinkt dadurch in der Achtung oder gewinnt gerade durch seine allzu menschlichen Fehler in unserer Wertschätzung. Die in der Trauer und dem Trost entstandene mangelnde Unvoreingenommenheit führt in ihren Spitzen zur Unwahrheit und Heuchelei sowie Geschwätzigkeit, Rivalitätsverhalten und Egoismusdenken.

Der Tod hat den Verstorbenen in Neutralität entlassen. Aus der räumlichen Distanz sprechen wir nun unbefangen über diesen Menschen. Das Maskenspiel des Todes ist in der menschlichen Natur nachvollziehbar. Warum geben wir erst im Fall des Versterbens unsere „objektive Meinung" kund? Warum finden wir erst jetzt den Mut zu einem Lippenbekenntnis ganz besonderer Art?

Der Hintergrund dieses würdelosen Maskenspieles ist die Offenbarung der eigenen Betrachtung und des Spiegelbildes des Toten. So entsteht ein folgenreiches menschliches Zerrbild. Warum tragen wir in unserem Leben diese Maske überlegter Diplomatie der Halbwahrheiten, fauler Kompromisse und fadenscheiniger Zweideutigkeiten? Wir entfremden uns von einer Zwischenmenschlichkeit, einer ethischen Grundlage unserer Lebensfülle.

Wir umgeben uns mit Schwierigkeiten und Hindernissen und schaffen ein bewusstes Zerrbild unserer eigenen Persönlichkeit. In der Bestürzung der Trauer legen wir im spekulativen Denken, Fühlen und Handeln Zeugnis ab. Zeugnis für oder wider den Menschen, den wir „gekannt" haben.

Im Laufe der Jahre bleibt nur noch der positive Eindruck seiner Lebenszeit. Die Natur hat es so eingerichtet, dass die negativen Eindrücke weit in den Hintergrund treten und in der Distanz der Jahre vergessen werden. Das Maskenspiel des Todes ist ein Wechselspiel. Es ist das Entstehen und der Zerfall einer Maske. So liegt es unserem Leben in einer positiven Wendung, wann wir dazu bereit sind, die unsichtbare Maske abzulegen und das wahre Spiegelbild mit Offenheit, Klarheit und Ehrlichkeit aufzudecken. Der Tote hat im Maskenspiel die passive Rolle – die aktive Rolle im Leben tragen wir.

Der Tod hat die Würde maskenlos – das Leben wird aber im Maskentanz würdelos.

Der Mensch ist die tönerne Hülle des Geistes, des Herzens und der Seele. Wir sind das klare, aber auch zerbrechliche Gefäß, das zur vollkommenen Reinheit geschaffen worden ist, doch Lebenswirrungen und Fügung der Zeit verändern den Menschen. Der Inhalt des Gefäßes ändert sich im Spiegelschein des Lebens. Doch ist unser Körper, die tönerne *Hülle*, dann noch aussagekräftig über unser Leben oder ist sie nicht nur ruinenhafte Fassade, die dem Fall geweiht ist?

4.6 Die Hülle

Es trügt der Schein, das Gute bricht
im Schatten vom weisen Licht.
Fassaden hier, Fassaden dort,
das Maskenspiel währt immerfort.

Verhohlen ist die Dunkelheit
und findet nicht die Zärtlichkeit.
Der Schein, das ist nun gewiss,
ist für den Menschen ein Hindernis.

Der Kern der Hülle ist meist hohl,
klingt dumpf und taub, das weißt du wohl.
Das Leben ist nur eine Hülle,
doch unser Herr gibt ihr die Fülle.

Diese Fülle trägt auf eine Weise
das junge Kind zum alten Greise.
Wahrheit birgt das gute Licht
und formt der Hülle Zuversicht.

Gott gibt dem Leben die Fülle des Geistes und des Körpers. Was ist für uns der Sinn des Lebens? Erreichen wir überhaupt in der doch kurzen Lebensdauer den Sinn des Geistes? Liegt alles wahr und klar vor uns, oder liegt der *wahre Sinn des Lebens* verborgen und umhüllt in der Tiefe aller Zeit?

5. Zeitzeichen als Sinn

5.1 Der wahre Sinn des Lebens

Unser Leben hat viele Facetten und Farben. Im Rausch von Raum und Zeit fragen wir uns nach dem wahren Sinn des Lebens. Viele Menschen meinen, ihn zu kennen, diesen Sinn. Die Oberflächlichen unter ihnen sind der Ansicht, dass der Sinn des Lebens aus einer Anhäufung materieller Werte aus Hab und Gut besteht. Andere sind wiederum der Meinung, dass er durch Rang und Ruhm erreicht wird und die ideellen Ziele einer verfallenen Gesellschaft anzustreben sind.

Jedes Lebewesen auf dieser Welt ist mit einem gottgewollten Sinn versehen. Der wahre Sinn des Lebens ist ein von Gott bestimmtes Geheimnis, dessen Blume im Verborgenen eines Seelenlichtes erblüht. Es kann in einem einfachen Ja zu einer Bindung eines geliebten Menschen oder zu einer Geburt und einer liebevollen Erziehung von Kindern bestehen. Auch die barmherzige Annahme und Begleitung von Menschen kann der wahre Sinn des Lebens sein.

Schon seit Beginn der Schöpfung versuchen die Menschen, den wahren Sinn des Lebens zu erkennen und zu erfahren. Warum bleibt uns letztendlich dieser „hohe Sinn“ vorenthalten und ist uns ein Geheimnis? Was würde passieren, wenn wir ihn in der Mitte unseres Lebensweges erreicht hätten?

Unsere Existenz würde scheinbar sinnlos und ohne diesen Sinn nicht lebenswert. Umstände also, die sicher nicht gottgewollt sein können. So sollten wir ein humanes Dasein führen, dass uns in seiner Vielfalt des Lebensspektrums zu einer Annäherung eines sinngebenden, zielgerichteten Lebens führt.

Die Wahrheit des Lebens als Sinn zu erkennen bleibt uns als Menschen verschlossen, doch im *Leben* einen tieferen, lebensbejahenden Sinn zu sehen ist uns offenbar.

5.2 Leben

So ist es doch Qual, die Suche nach Sinn,
nach Hochmut der Fall, es liegt Leben darin.
Ein Suchen, ein Finden, der Seele auf Zeit,
ein Krümmen und Winden in Freud und in Leid.

Das Maß des Gerechten in dieser Welt,
die Klage des Geknechteten im Dunkeln zerfällt.
Der Weg ist das Ziel, die Suche Beginn,
ein vages Gefühl des Lebens Sinn.

Die Hoffnung setzt Zeichen im Wandel der Zeit,
die Nacht muss nun weichen, denn Liebe befreit.
So blendet alles Scheingeflimmer
auf unserem kurzen Lebensweg,
der Tod ereilt den Menschen immer
am Ende ohne Stein und Steg.

Das Licht birgt die Wahrheit
in Zeit und in Raum,
sie ist der Tiefe Klarheit,
der Erkenntnis weiser Baum.

Der wahre Sinn ist höher, als unser Verstand und unsere Vernunft es zulassen, deshalb sorge dich nicht um deinen Lebenssinn – so sorgt Gott in seinem Sinn auf deinem Weg für dich. Darum sollen wir uns nicht nach *Tag und Stunde fragen*!

5.3 Frage nicht nach Tag und Stunde

Das Schicksal eines Menschen ist die Spiegelung seines Lebens. Es trägt ihn und lässt ihn sein Leben erleben und erleiden. Das Spiegelbild gründet in der Vollkommenheit einer bewussten Lebensannahme. Diese Akzeptanz des sinnbaren Lebensinhaltes weist den Menschen in seinem Weg des gedanklichen und geistig-seelischen Anspruches nach oben. Gläubigen Menschen wird dieser Anspruch durch ihre Religion und die Liebe zu Gott vertieft.

Unsere Lebenszeit ist im magnetischen Kraftfeld Gottes enthalten. Diese Kraft ist richtungweisend im Lebensschicksal der Menschen.

Sie ist allgegenwärtig und einzigartig. Dieses geistig-seelische Energiefeld ist der Weg Gottes durch Zeit und Raum. All unsere Fügung, unsere Liebe und unser Leiden sowie unser Sterben sind in diesem Weg ergangen. Darum wandle in der Gelassenheit der Liebe Gottes und frage nicht nach Tag und Stunde deines Schicksals. Lebe jeden Tag als Geschenk und als Gabe des Herrn. So wirst du deinem Leben den wahren Sinn beimessen können. Du wirst der Liebe Anfang und Ende nimmer finden.

Ist uns eigentlich bewusst, wenn wir im Vaterunser beten, „ (…) dein Wille geschehe (…)“? Nehmen wir nicht damit den Weg, den uns der Vater ausgewählt hat an? Wir krümmen und winden uns in unserer Lebenszeit so, als wollten wir fügen, als wäre unser Wille höher als der Raum und die Zeit Gottes.

5.4 Ein Kommen und Gehen

Ein Kommen und Gehen
auf dieser Welt,
ein Leben und Sterben
unter dem Himmelszelt.

Die Blüte des Lebens
im Reiche der Zeit,
das Schwert des Vergehens
verheißt Tod und Leid.

So ist nun das Leben,
ein Auf und ein Ab,
ein Mühsal und Streben
von der Wiege zum Grab.

Das Leid kommt von Herzen,
vom Geiste der Sinn,
nach Trübsal und Schmerzen
die Kraft, die ich bin.

Das Lebensblatt fällt
im Laufe der Uhr,
vom Schicksal bestellt,
durch Gottes Natur.

Aber wie können wir dann in all den verhängnisvollen Wirren des Lebens gelöst und gelassen sein? Wie können wir unser Leben als Schicksal und als Kreuz annehmen, ohne an ihm zu zerbrechen? Was liegt noch in unserer Hand, wenn alles bereits erdacht, alles offenbar, alles wahr und klar in unserem Lebenskreislauf vor uns liegt? Wie können wir gelöst den Schritt durch das Leben gehen und *gelassen sein* in Herz und Geist?

5.5 Gelassenheit

Gelassenheit ist mehr als Geduld, als Hoffnung und mehr als Ruhe. Diese Seltenheit unserer heutigen Zeit ist die Krönung der Geduld. In ihrer qualitativen Struktur ist sie auch mehr als Hoffnung, da sich die Gelassenheit im Gegensatz zur Hoffnung von der Erwartung loslöst und somit ein Element einer Fügung bedeutet.

Gelassenheit ist die vermenschlichte Annahme von Schicksalswegen, von Erfahrung und Erleiden in unserem Leben. Sie steht ihnen jedoch wertfrei gegenüber. Als Teil der Sicherheit eines Seelenlebens bildet sie Grundlage zum menschlichen Lebensglück. Sie ist ein Glanzpunkt im Menschen, doch ist nicht seine Vollkommenheit. Gelassenheit ist ein harmonischer, seelischer Gleichklang mit uns selbst und wirkt als unveränderliche Größe regulierend in der menschlichen Psyche. Die Loslösung von unserer eigenen Aktivität ist Abfolge der ergründeten Erkenntnis zu uns selbst. Gelassenheit ist somit ein Produkt einer schrittweisen, tiefen Erfahrung eines menschlichen Lebens.

Ein gelassener Mensch weiß durch seine Lebenserfahrung um die Höhen und Tiefen eines Lebens und ist dadurch gewappnet für die kommende Zeit. Er ist gelassen: Er lässt etwas zu. Vielleicht auch aus der Erkenntnis heraus, dass er – bei Aktivität im inneren und äußeren Rahmen – die Schicksalswege nicht ändern kann. Er gibt nur scheinbar die Zügel seines Lebens aus der Hand – er behält sie und lässt sich führen. Führen von einer Art und Weise, die sich über den menschlichen Verstand erhebt.

Gelassenheit ist die tragende Kraft unseres Lebens.

Gelassenheit ist eine geistige Haltung, welche die ausgleichende Disziplin im Kraftfeld eines Menschen fordert. Lebensschicksale, Lebenswege, Erkenntnisse und Erfahrungen sind durch ihre Subjektivität aber oft hinderlich. So können wir uns nicht in den *goldenen Käfig der Vergangenheit* flüchten und aus der zu bewältigenden Gegenwart fliehen.

5.6 Der goldene Käfig der Vergangenheit

Wenn wir einmal die Erinnerung an die vergangenen Lebensabschnitte als fertiges Gebilde betrachten und in der gegenwärtigen Resignation dieser Rückblick alles zu überstrahlen scheint, dann erleben wir weder die Gegenwart noch die Zukunft in der Fülle unseres Lebens. Unser Leben bleibt Stückwerk.

Irgendwann, wo die schöne Erinnerung an die Vergangenheit endet, wurde unser Leben beschnitten. Aus Freude am Leben wurde Pflicht und aus dieser Bürde entwickelten sich eine negative Gedanken- und Gefühlswelt. Sie wurde von Hoffnungslosigkeit, Zukunftsangst und Ablehnung der Wirklichkeit getragen.

Wenn ich eine solche Betrachtungsweise aufstelle, frage ich mich, ob die schöne Erinnerung an die Vergangenheit wirklich ein Paradies ist? Stellt sie nicht vielmehr einen goldenen Käfig unserer eigenen inneren Welt dar, in dem wir uns befinden und in dem wir uns Zeit und Raum unseres eigenen Lebens begrenzen?

Nach veränderter Betrachtungsweise des Lebens fällt auf wundersame Weise das Gitter des Käfigs. Dem Menschen wird dann ein Flug durch das Leben des Jetzt und der weiten Zukunft eröffnet. Raum und Zeit sind nur noch durch seine Lebensdauer begrenzt und die Fülle des Lebens, Freude und Zuversicht kehren in sein Menschenherz zurück. Gibt es den „goldenen Käfig der Vergangenheit“? Ich kenne viele davon. Aber ich weiß, dass es jeder selbst in der Hand hat, ob er weiterhin vom Erinnerungsparadies der Vergangenheit gefangen bleiben möchte oder das Heute und das Morgen erleben und erkennen will.

Der goldene Käfig der Vergangenheit ist das Produkt einer geistigen Haltung zwischen Furcht und Illusion. Er stellt die perspektivische Verengung einer Depression dar und wir können unser Leben nicht mehr als Schwingung in der Fülle des Daseins bewältigen.

Nur wenn wir den Spiegel unseres Herzens öffnen, dann werden wir ein erkennender Mensch sein, wir werden die Möglichkeit haben, uns einen vernunftorientierten *Ausblick* zu schaffen und dann auch, wenn es die Verhältnismäßigkeit ergibt, den *Einblick* des Geistes zu haben.

5.7 Ausblicke – Einblicke

Um einen Ausblick zu gewinnen,
musst du dein Leben neu beginnen.
Wirf all deine Mühsal ab,
in des Gestern dunkle Grab.

Du blickst umher, du glaubst, hinein –
doch alles ist nur Glanz und Schein.
Ein Blick nach vorn, das ist das Ziel,
was manchem Menschen so gefiel.

So musst du erst den Standpunkt klären,
er wird dir dann den Einblick gewähren.

Der Blick ist Rahmen unserer Zeit –
wir sehen nur, was sichtbar ist,
der trübe Blick trägt das Trauerkleid,
wenn du ihn wirfst, siehst und misst.

Kein Mensch wird ganzen Einblick haben
in des Lebens tiefsten Grund
und alle unerforschlichen Gaben
trägt nur der Weisheit Schicksalsbund.

So ist die Moral von der Geschicht':
Ausblicke verwehren Einblicke nicht.
Es ist nun wahr und es sei darum,
der Augenblick ist ein Unikum.

Der Augenblick ist ein Unikum. Wir erkennen, erfühlen und werten emotional das Gesehene, in den Fallstricken unserer Subjektivität in unserem Herz gefangen. Alles erscheint in dem Moment des ersten Augenblickes so klar. Alles ist für uns genau bestimmt. Die Rationalität unterliegt hier der Eigensucht des Herzens. Wenn wir im Licht des Guten wandeln, scheint der Schatten des Bösen so weit. – Aber das Wechselspiel von *Gut und Böse* hat seine eigene Kondition.

5.8 Gut und Böse

Alles, was gut ist, hilft, und alles, was schadet, ist böse, oder alles, was nicht böse ist, muss gut sein. Kindlich naiv klingt dieser Satz. Nach dieser Wertung richten die meisten Menschen, oft die Erwachsenen, bewusst und unbewusst, ihr Leben aus.

Lassen wir diesen Satz noch einmal anders in uns klingen: Alles, was mein Herz erfreut, ist gut, und alles, an dem mein Herz sich scheinbar verletzt, ist schlecht.

Selbst konstruktive Kritik, die uns zu nahe tritt, wird hier verteufelt und wir Menschen sind uns dem prismaähnlichen Spektrum der Wertungspole nicht bewusst. Wir müssen wissen, dass das Herz unsere subjektive Gefühlswelt ausdrückt. Diese Gefühlswelt ist im vernetzten Transfer mit unserem Verstand der vorläufige Endempfänger. Alles, was wir an Informationen geistig und verständlich bekommen, wird direkt oder indirekt in unserem Herzen gewertet. Es wird somit auch den großen Polen „Gut“ und „Böse“ zugeordnet. Diese Wertung ist eigensüchtig und gewährt uns in unserem kleingeistigen Denken erst einmal Schutz und Geborgenheit. Sie ist fern von der Erkenntnis globaler Zusammenhänge. So blickt der Betroffene in dem negativen Magnetismus der Selbstsucht nicht über den Tellerrand seines Herzens hinaus. Aber Vorsicht! Diese Wertung ist nicht neutral, sondern sie ist urteilend und richtend und ist der, in der Reflexion begründete, Ausgleich seelischer Unvollkommenheit.

Sind für uns die Begriffe „Gut“ und „Böse“ nur eine fließende Schwingung, die als Grundlage unsere Lebenserfahrung, unsere im Leiden und Glück gemachte Erkenntnis, offenbart. Sonst müssten ja alle Menschen bei gleichen Geschehnissen gleich denken, handeln und fühlen. Aber Gut und Böse unterliegen für alle Menschen einer eigenen Bedingung und sind auch dem Wandel der Zeit unterworfen. Was gestern noch gut war, ist heute bereits böse und umgekehrt.

Warum ist es so schwer, Gutes vom Bösen zu unterscheiden, das in den Schatten fließende Licht von der Dämmerung des Tages auseinanderzuhalten? An sich erkennt unser Verstand die Gegebenheiten erst einmal neutral und ordnet die Geschehnisse gefühlsmäßig nicht zu. Er greift nicht ein und lässt sie zu. Aber über unser Herz fällt die Licht- und Schattenseite des Augenblicks in unseren Ich-Bezug auf uns zurück und unsere egoistische Gefühlswaage wertet, richtet, ordnet ein oder aus und bezieht das Geschehen in die Verhältnismäßigkeit zum Eigenpol. Es ist gefangen in den eigenen Strukturen; es leidet oder erfreut sich an den Dingen oder Geschehnissen und „schließt“ sie eigensüchtig in sich ein.

Jedoch ist die Gelassenheit die tragende Kraft in unserem Leben. Nur wenn wir bereit sind, auf der Grundlage der Geschehnisse in vollem Vertrauen und Bewusstsein, auf eine höhere Dimension gelöst, zu erleben und nicht der eigensüchtige Richter und Henker des Zeitgeschehens sind, dann ist in unserem Herz Platz für die eigene und fremde Barmherzigkeit, für die selbstlose Liebe und für die von der Erwartung gelöste Hoffnung.

An dieser Stelle möchte ich Ihnen eine kleine Geschichte erzählen, die sich so oder auch etwas anders einmal zu getragen hat.

5.9 Der morsche Ast

Als die Kinder mit ihren Eltern nach Ende des Zweiten Weltkrieges in ihr neues Heim einzogen, bot sich dem Vater am Haus ein geräumiger und sonniger Garten. Mit dem Bezug des neuen Hauses wurde der Garten fantasievoll und kreativ mit Büschen, Bäumen, Zier- und Gartenpflanzen versehen. In der Mitte des prachtvollen Gartens pflanzte der Vater einen kleinen Kirschbaum an und in all den Jahren seiner Sprösslinge Kindheit wuchs dieser Kirschbaum stattlich heran.

Die kleinen Kinder rasteten in seinem Schatten und genossen die wohlschmeckenden Früchte des Baumes. Wie ihre Kindheit war er immer ein Teil von ihnen gewesen. Der Vater hegte und pflegte ihn – und der Schössling von einst entwickelte sich zum Glanzpunkt des Gartens. Die Blüte des Baumes war stets eine Augenweide für die ganze Familie und jeder, der an dem Garten im Frühjahr vorbeikam, freute sich über das schier endlose Meer der Blüten. Ja, die Blüten des Frühlings wurden die reiche Ernte des Sommers. Pralle, dunkelrote Kirschen waren die Frucht und der Dank des Baumes für die liebevolle Pflege. So, wie der Baum mit seinen Wurzeln im Garten stand, waren die Glieder der Familie mit ihm verwurzelt.

Der Familie ging es im Laufe der Jahre finanziell besser und der Vater baute, nahe bei dem Kirschbaum, eine schöne, eiserne Gartenlaube. Doch beim Bau des Fundamentes der Laube wurde versehentlich und unbemerkt das Wurzelwerk des Kirschbaumes verletzt. Im folgenden Frühjahr wunderte sich die Familie, dass der schöne Kirschbaum nicht mehr die reiche Blüte vergangener Jahre hatte und dass die Ernte im Sommer nicht mehr so üppig war wie in den Vorjahren.

Die Familie war in ihrer Erwartung enttäuscht und der Vater ging besorgt und ratlos um „seinen“ Kirschbaum herum. Hatte die Natur ihm einen Streich gespielt oder was hatte er etwa falsch gemacht?

Auch im nächsten Jahr blieb die große Ernte aus und die Früchte des Baumes wurden immer spärlicher. Die inzwischen Jugendlichen sahen „ihren“ Kirschbaum immer mehr verkümmern und an seiner rechten Seite ragte bereits ein morscher, breiter Ast hervor. Guter Rat war teuer! Der Vater schämte sich, dass so „ein missratener Baum“ nun neben seiner ansehnlichen Gartenlaube stand. Doch als der Vater zur Axt griff und den Baum fällen wollte, war die Familie bis tief in ihr Herz erschüttert.

War denn alle Freude über den schönen Kirschbaum vergessen? Hatte er für die Familie nicht in all den Jahren immer reichlich Frucht getragen? Hatte er den Kindern nicht die himmlisch schmeckenden Kirschkuchen der

Mutter beschert? Trug der Baum nicht das erste Liebeszeichen des Sohnes gegenüber seiner Angebeteten in seiner Rinde? Und jetzt sollte er gefällt werden? Gnadenlos und unbarmherzig! All die Liebe und die Freude des Baumes schien vergessen.

Der Wohlstand in Deutschland war weiter vorangeschritten und mit dem Aufschwung der Wirtschaft zog der Vater mit der Familie in eine andere Stadt. Ein alter, alleinstehender Mann übernahm das Haus und pflegte und hegte den Garten. Alles in seinem Leben hatte Bestand und so erwählte er hingebungsvoll – als seinen Schützling – den alten, kranken Kirschbaum. Der Mann verstand sich auf die Natur und bald erkannte er, dass das Wurzelwerk des Baumes durch den Bau der inzwischen alten und verrosteten Gartenlaube in Mitleidenschaft gezogen worden war. Er behob den Schaden und der Kirschbaum erholte sich. Er blühte und grünte von Jahr zu Jahr wieder schöner und dankbar hatte der alte Mann Tag für Tag seine Freude daran.

Natürlich ist diese kleine Geschichte eine Parabel zu den Menschen. Auch wir Menschen tragen in unserem Leben Frucht. An uns erfreuen sich in den sonnigen Stunden unseres Lebens viele Menschen. Auch wir werden in den Wirrungen und Verknüpfungen des Lebens versehentlich und unbemerkt verletzt und gekränkt. Wir sind dann in den Jahren unseres Lebens nicht immer fähig, das eigensüchtig Erwartende zu erfüllen. Wenn wir als Menschen nicht von der Gnade einer erinnerungsreichen Welt getragen werden, dann werden wir wertlos wie der Kirschbaum im Garten der Familie. Darum muss nicht alles, was augenblicklich schlecht ist, der Vergänglichkeit unterworfen werden. Nicht der Mensch, sondern seine schlechte Tat ist schlecht. Wer das Gute im Menschen aus Enttäuschung oder Eigensucht vergisst, der handelt aus einer lieblosen Gegenwart heraus, die weder Frucht noch Samen für die Zukunft trägt. Diese Gegenwart ist zum Scheitern verurteilt und wir werden aus der Eigensucht dem Geschehen nicht gerecht und undankbar für die Zeit des Lichtes.

So wurden die Menschen mit dem Ansatz, also den Wurzeln, zur Vollkommenheit geschaffen. Der morsche Ast des Baumes, Grund eines verwerflichen Planes eines Menschen, musste nicht dazu führen, den Kirschbaum fällen zu wollen. Anders: den Menschen zu be- oder verurteilen.

Aber in der eigensüchtigen Verdammnis haben die Menschen die Erinnerung an die reichen Jahre der Frucht verloren. Wir werden unbarmherzig und gnadenlos dem anderen Menschen oder uns selbst gegenüber. Nur wenn wir ein Lebenswerk in der Gesamtheit sehen, nur wenn wir erkennen und begreifen, dass Zeit und Raum auch einem so genannten schlechten Menschen die Möglichkeit eröffnen, reiche Frucht zu tragen, wenn wir verstehen, dass Liebe, Hoffnung und Geduld die reiche Nahrung für die Entwicklung eines Menschen sind, dann werden wir in der Liebe zum Nächsten barmherzig und gnadenvoll sein. Wir werden dann die Gärtner Gottes sein, denen alles gedeiht und alles gelingt.

Der Spiegel des Guten ist das Böse. Das Böse muss wirken, damit der Pol des Guten seine Aufgabe erfüllt. So wie das Böse der Prüfstein für das Gute in der Welt darstellt, so ist das Gute in der Nacht des Bösen sein Stein des Anstoßes. Ist alles offensichtlich, ist alles klar oder gibt es nicht einen Schmelzpunkt der Fügung, wo wir nicht mehr zwischen Gut und Böse unterscheiden können und unseren Geist der teuflische Zweifel der Gedanken peinigt?

So, wie es in der Globalität von Gut und Böse den Zweifel gibt, unterliegen auch unser Gefühl und unser Verstand dem Zweifel des „Missverstehens“.

5.10 Gefühl und Verstand – ein Missverständnis?

Gefühl und Verstand sind zwei Wechselbegriffe im menschlichen Leben. Zwei Pole, die jedoch mit der Schwingung der Auslegung verbunden sind. Die menschliche Sprache ist, so wie der Mensch selbst, artenreich und vielfältig. Wir müssen hier unterscheiden zwischen dem Gefühlsausdruck, also dem Ein- oder Mitfühlen in unseren Gesprächspartner, und dem Verstandesausdruck, also dem geistigen, logischen Folgen eines zwischenmenschlichen Gespräches.

In unserer heutigen, hochtechnisierten Zeit wollen wir alles nachvollziehen, erlernen und begreifen. Die eigene und fremde Subjektivität kommt in den verbalen Schwingungen des Gespräches unter den Menschen meist zu kurz. Vieles, was im Gefühlsbereich eines Menschen unter Freud und Leid im Leben entstanden ist, wird am „grünen Tisch" zerredet, zergliedert und in Portionspackungen logisch aufgeteilt. Doch das Gefühl hat ebenso wie der Verstand oder gar die Vernunft einen gleichberechtigten Anspruch in unserer seelischen und geistigen Existenz. Die Subjektivität wird auch nicht bewusster nachgefragt, da weder der selbstbewusste, karriereträchtige Mann von heute oder die Power-Frau von morgen sich mit einer so banalen „Gefühlsduselei" größer beschäftigen würden. Aber gerade diese Menschen bringen, oberflächlich betrachtet, den egoistischen Anspruch mit in die Gesprächsrunde, den gegenübersitzenden Partner zu „verstehen". Sie sagen, sie verstehen den anderen Menschen, und in Wahrheit werden sie nur dem informellen, selbstsüchtigen Anspruch des Eigenbezuges gerecht. Einfühlungsvermögen oder Mitgefühl werden in der ausgefeilten, psychologischen Verkaufstechnik nur so weit in Betracht genommen, bis der Geschäftserfolg gekrönt wurde.

Mit zwischenmenschlichem, aus Verstand und Gefühl gepaartem, Verständnis oder gar mit einer menschengerechten, vernunftmäßigen Entscheidung, hat dieses „Gebaren" nicht im Entferntesten etwas zu tun.

In einem Akt verbaler Agitation und Reaktion geht der Informationsaustausch im Gefühlsbereich am Menschen vorbei. Einen Menschen wirklich zu verstehen heißt, ihn in all seinen größeren oder kleineren psychischen Nöten anzunehmen und ihm, nicht nur in der emotionslosen Logik der heutigen Zeit, in das Herz zu sehen.

So sollten wir, um einen Menschen näher kennen zu lernen, mit den Augen und Ohren das erfassen, was uns im innersten des Menschen bisher verborgen geblieben ist. Aber dieses Mitgefühl und dieses Einfühlen sind ja nicht nur bei einer anderen Person berechtigt, sondern es ist die stetige Eigenhilfe, die wir in Form unserer inneren Stimme und in einem mehr oder weniger ausgeprägten Gewissen bereits besitzen. Daher lassen sich eigene emotionale Probleme, bei deren Lösung wir nicht mehr weiterwissen, oft mit dem Verstand ergründen. Wir werden uns dann über eine, nach Möglichkeit objektive und konsequente, Gedankenbahn über unser Gefühlsleben bewusst und sehen die Problematik klar und uneingeschränkt vor uns liegen. Aber wenn eine zeitgerechte Logik dieser Welt nicht mehr zur Lösung des Falles ausreicht, werden wir uns oft in der Weise gerecht, wenn wir einen Blick auf unsere emotionalen Bedürfnisse richten. Denn wenn das Herz zu kurz kommt, ist unser logischer Blick für Zeit und Raum perspektivisch eingeschränkt.

Im Teufelskreislauf von Gefühl und Verstand steht uns als Krönung menschlichen Ratschlusses immer noch die Vernunft zur Verfügung. In einem qualitativ ausgleichenden, geistig-seelischen Kompromiss werden wir uns mit einem vernunftorientierten Weitblick im Zeitfluss und den Gegebenheiten in hohem Maß gerecht.

Gefühl und Verstand – ein Missverständnis? So ist das Wort „verstehen" meistens mit einer lieblosen Eigensucht dem Partner gegenüber verbunden. Wenn wir nicht die Inseln im Strom einer auch verbalen, egozentrischen Welt sein wollen, so müssen wir nicht nur den Weg in die Gedanken, sondern auch in die Herzen unserer Mitmenschen suchen und finden. Alles ist natürlich sehr mühevoll und sehr zeitaufwendig, aber wir sollten bedenken, wenn wir das Herz des anderen Menschen erreichen, ihm unsere Aufmerksamkeit, unser Mitgefühl und sogar ein bisschen Liebe schenken, so haben wir nicht nur sein Herz, sondern auch das eigene Herz erwärmt.

Vor langer Zeit schrieb ich einem Freund einen langen Brief: von der strahlenden Licht- und der fahlen Schattenseite seines Geschicks, vom Glück und Unglück in seinem Leben.

5.11 Vom Glück und vom Unglück

So, mein Freund, jetzt gräme dich nicht darüber, dass sich das Licht des Glücks von dir abgewendet hat und hadere nicht mit deinem Schicksal. Dein Schicksal ist die bestätigte Fügung. Du sehnst dich nach dem Glück und den frohen, leichten Stunden aus deiner Erinnerung. Das Glück ist immer nur die leichte Feder in deiner offenen Hand gewesen und der leise Wind des Lebens hat sie dir aus deiner Schale geweht. Du konntest weder Flaum noch Kiel des Glückes fassen. Das Unglück aber ist das schwere Lot des Lebens aus dem Maß der Gerechtigkeit. Das Unglück bildet die Waage zum Glück. Kein Mensch kann ihm enteilen und kein Sterblicher bleibt davon verschont.

Mein Freund, tröste dich, das Unglück ist nur das Spiegelbild des Glückes in unserem Leben. Wenn wir die schweren Stunden unseres Unglückes recht betrachten, dann erkennen wir, dass das Unglück in der Gegenwärtigkeit der Konsequenz unseres Lebens nur aus einer Reihenfolge eines negativen Gedankenspektrums besteht. So habe den Mut, die Fülle Deines Lebens zu leben und vertraue auf die Gnade des Richters der Ewigkeit.

Nur der Tor will das Glück mit beiden Händen leben und vergisst dabei die Waagschale der Gerechtigkeit unseres Seins. Seine Freude und sein Lachen haben aber im Gewicht des Lebens keinen Bestand, da sie nur Oberfläche sind und damit der Vergänglichkeit unterliegen. Der Weise aber findet im Glück eine durch die Fügung erwiesene Gnade, denn nicht immer ist Glück auch eigener Verdienst. Im Unglück aber sieht der Weise den zeitweiligen Schatten des Lebens, der vorübergehen und enteilen wird. Somit sind Glück und Unglück gleichberechtigte Geschwister des Lebens. Sie sind Werte des Seins und dürfen die Waagschale des Lebenssinns weder einseitig belasten oder entlasten.

So, mein Freund, sei nicht undankbar gegen das Schicksal, ist es doch nur die Offenbarung der Erkenntnis des Lebens. Sei gelassen und löse dich von dem, was dir sowieso nicht eigen ist.

Den Wert deines Lebens findest du nicht in der äußeren Hülle oder in Licht- und Schattenseiten, sondern in der verborgenen Kammer deines Herzens. Das Unglück ist unser Stein des Anstoßes und stellt den Menschen auf die Probe. Schmerz und Leid sind seine Gefährten. So hadere nicht mit deinem Schicksal und stelle dich in der Demut deines Herzens der Zeit des Schattens. Unsere Hoffnung ist in der Zukunft nach vorne in das Licht gerichtet. Denn unser wahres Glück ist das zarte Sehnen und das vage Hoffen in weiser Erwartung.

Erhebe dein Gesicht wieder in die Strahlen der Sonne, denn die Zeit ist – wie das Licht und der Schatten – nur dem Vergehen unterworfen. Die Zeit ist der Richter der Ewigkeit und hat im webenden Meer des Lebens den Raum gefunden, dessen Tempel des Herzens das Haus Gottes ist. Glück und Unglück stehen dem Menschen im Sein gegenüber wie Geburt und Tod. Nur im Spiegel der Zeit sehen wir, dass ein menschliches Leben die Fügung des Willens Gottes bedeutet. Im Leben wie im Tod.

Aber unser Herz zerbricht am Schicksal. Es ist verletzt und gekränkt. Manchmal ist auch unser *Herz gebrochen*. Dann kann auch nur die Zeit die tiefe Wunde mit dem Heil des Erbarmens schließen.

5.12 Das gebrochene Herz

Alle Schmerzen haben Zeiten
in der Welt aus Freud und Leid,
Hoffnung wird sie stets geleiten
durch den Raum der Einsamkeit.

Alle Schmerzen haben Gründe
in der Welt aus Nacht und Licht,
wenn der Mensch das nur verstünde –
alles Maß aus einer Sicht.

Aber wir suchen nach dem Sinn
in der großen Dunkelheit
und das Schicksal mittendrin
fragt nicht nach Gerechtigkeit.

Sieh, das Herz soll Schmerz begreifen
in der Welt aus Hohn und Spott,
Zeit und Ziel, sie müssen reifen
in des Lebens ewigen Trott.

Keiner kann den Sinn erfassen
in dieser gegenwärtigen Welt,
wenn wir Sorgen und Nöte lassen,
hat Gott uns einen Weg bestellt.

Lass dein Herz nun neu gedeihen,
in der Hoffnung hellem Licht,
Gott wird dir das Herz befreien,
wenn der Glaube nicht zerbricht.

Alle Last und alle Schuld
suchen nach dem Gleichgewicht,
übe Gelassenheit und Geduld
und vergiss die Worte nicht:
Jede Wunde wird verheilen
in des Lebens langer Zeit,
Dunkelheit wird nie verweilen
in des Lichtes Ewigkeit.

Hoffnung ist das Licht der Liebe. In der Hoffnung wenden wir uns in der Erwartung des Guten dem Licht zu. Hoffnung und Liebe sind kein Automat. Wir wünschen uns etwas und im nächsten Moment wird uns der Wunsch erfüllt. Oft ist dieser Wunsch auch mit den Perlen der Seele versehen. Doch die *Tränen* des Herzens lassen unser Auge wieder klarer blicken und erkennen, wo es scheinbar nichts mehr zu sehen gab.

5.13 Tränen

Nun, die Zeit geht ihren Gang
in des Herzens ewiger Wahl
und im schweren, dumpfen Klang
stillt die Liebe ihre Qual.

Alles Leid hat sich vereint
in der Seele dunkler Nacht,
tausend Tränen sind geweint
in der Welt aus Not und Schmach.

Alle Bäche bilden Ströme
und die Tränen sind zerronnen,
Nöte sind des Herzens Söhne
trotz des Lichtes aller Wonnen,

Träge treibt der große Fluss
seine Wahrheit in der Zeit,
tiefes Leid findet seinen Erguss
in den Strom der Ewigkeit.

Wenn das Licht fällt auf das Meer,
Gottes Kraft wohl Früchte trägt,
steigt das Leid zum Himmelsheer
und die dunkle Nacht vergeht.

Tränen gab es zu aller Zeit,
sie sind Wasser unserer Seelen,
Er hält den Trost bereit
ohne Bangen, ohne Quälen.

6. Zeitzeichen der Erde

6.1 Das verlorene Paradies

Es ist die Sünde unter den Menschen und die Machtherrschaft des Weltenfürsten der Dunkelheit ist gewaltig. Der Sündenfall war ein tiefer Sturz des Geistes und des Fleisches. Wir waren versucht und haben aus freiem Willen den leichten Weg in die Sünde gewählt. Der Weg der Sünde ist aber immer eine Abkehr von Gott. Wir sind die Glieder der Kette der Verdammten und haben – Glied für Glied – einen verhängnisvollen Bund mit der Finsternis geschlossen. Nur wenn wir dazu bereit sind, den satanischen Pakt zu lösen und uns, in einem schweren und langen Weg, dem Licht Gottes zuzuwenden, können wir Zeit und Raum finden, um das verlorene Paradies zu suchen.

Der Bogen des Himmels überspannt die Erde. Kein Schatten fällt mehr auf den Menschen. Der Frieden Gottes ist in der Welt und kein Mensch trachtet mehr nach Macht und Habsucht. Ängste und Nöte sind Sorgen der Vergangenheit. Der Körper altert nur bedingt und der Tod ist ohne Schrecken. Der Jungbrunnen des Geistes quillt ewig. Die Freude und das Lebensglück sind Bausteine des Hauses eines jeden Menschen.

Die Menschen sprechen eine Sprache. Die Sprache der Liebe wird in jedem Heim und Herzen verstanden. Kein Reicher ist arm und kein Armer ist reich. Keiner ist der Herr über den anderen Menschen, denn jeder ist des Nächsten Diener.

Die Krankheit verliert ihre Herrschaft und Seuchen, Katastrophen sind nicht mehr bekannt. Hunger, Armut und Krieg sind die stummen Zeitzeugen der Vergangenheit.

Das magnetische Spektrum Gottes weist die Menschen in das Licht des Geistes. Harmonische Zufriedenheit und irdisches Glück sind für die Menschen zur Heimat geworden. Das immerwährende Licht Gottes erhellt den Tag und das reiche Sternenzelt, der Mond lässt die Nacht in ihrer Herrlichkeit erstrahlen.

Das verlorene Paradies – eine Vision? Oder der dornenreiche Weg in das Licht der Rasse Mensch? So liegen im Fall der Menschheit das Sterben und die Auferstehung. In unserer Gegenwart sind wir die Gekreuzigten der Schuld, in einer visionären Zukunft sind wir die Erlösten in Gott. So ist kein Tag ohne Nacht und keine Dunkelheit ohne Licht.

6.2 Danach

So trinket, was die Wimper hält
und lauscht, fühlt zu aller Zeit,
der Herr ist durch die Welt gegangen
und hält uns seinen Trost bereit.

Der Wind erzählt es seinem Bruder,
der Stein zerrinnt als Sand im Meer,
der Schiffer steht an seinem Ruder
und leis' zerfällt das Sorgenheer.

Die Sonne strahlt vom Firmament,
kein Tag ist nunmehr Dunkelheit,
der Raum, der nur Frieden kennt,
strömt durch das All der Ewigkeit.

Das Kind spielt mit dem wilden Tiger,
die Natter schlängelt durch den Sand
und Satans Brut ist nicht mehr Sieger,
die Zeit trägt goldenes Gewand.

Das Reh spielt auf der grünen Wiese,
kein Adler schlägt Kitz und Lamm,
gleich Gottes hehrem Paradiese
ist diese Welt, durch die er kam.

So ist der Herr durchs Feld gegang',
das Licht strahlt hell und hold dazu,
der Chor der Engel stetig sang
dem Herren „Heilig, heilig!“ zu.

Der Tag, die Stunde wird es bringen,
der Fall, der Schmerz, des Himmels Welt
und Gnade Gottes wird gelingen,
im Geist des hohen Himmelszelt.

Alle Wunder dieser Erde sind bereits vollbracht, aber nicht vollendet. Die Gaben Gottes sind uns offenkundig. *Erde, Feuer, Wasser und Luft* sind für uns geschaffen. Wir können diese Elemente nutzen.

Sie sind uns liebevoll anvertraut, aber sie sind nicht unser Eigen. ... und macht euch die Erde untertan!

Ist dies nicht eine Weisung, die von der „Krone Mensch“ vollkommen missverstanden wurde?

6.3 Erde, Feuer, Wasser und Luft

Erde, Feuer, Wasser und Luft sind die Bestandteile dieser Welt. Sie sind die Grundelemente und die Gaben Gottes. In ihnen ist alles, was der Mensch zum Lebensdasein benötigt, enthalten. Die Elemente sind des Menschen Besitz, aber nicht sein Eigentum.

Was kann also der Mensch, der sein Leben auf dem Acker Gottes bestellt, sein Eigen nennen? In der geliehenen Zeit seines Seins steht er nackt vor dem Wunder der Erde. Der Mensch hat die Erde in Besitz genommen und er hat sie urbar und fruchtbar gemacht. Er hat sich vermehrt und er hat aus den Werken Gottes geschaffen, was zwar sein Besitz ist, jedoch nicht sein Eigentum. So sind wir Menschen dieser Welt nur die Verwalter und Haushalter Gottes. Wir werden daran gemessen, welche Frucht unser Leben und welchen Ertrag es hat. Erde, Feuer, Wasser und Luft sind als Geschenke Gottes nur die geliehenen Werkzeuge, um diese Welt wie einen Acker zu bestellen.

Der Gedanke, dass aller Besitz vergänglich ist, dass er an Gott zurückgegeben werden muss, wird vom Menschen bis zu seinem Tod verdrängt.

Alles, was aus den Grundelementen dieser Erde entstanden ist, wird im Vergehen an diese wieder zurückfallen.

An dieser Stelle möchte ich Ihnen ein kleines Märchen erzählen, dass sich so oder auch etwas anders in unserer Vergangenheit zugetragen haben könnte.

6.4 Der König und der Bauer

In dem Lande Irgendwo, gleich in der Zeit Irgendwann, trug sich die Geschichte vom König und dem Bauern zu. An einem strahlend schönen Tag – der Himmel zeigte sich in seinem vollen Glanz – rief der König seine Diener und ließ zur großen Ausfahrt richten. Vorbei an den prunkvollen Patrizierhäusern und den zahlreichen Brunnen der Stadt führte ihn sein Weg auf die freien Wiesen und Äcker seines Landes. Die Kutsche glänzte in ihrem Gold und ratterte über den holprigen Weg. Die Pracht des Königs und seines Gefolges war nicht zu übersehen. Viele dumme Jungen und einfältige Mädchen liefen im Staub der Kutsche hinterher und winkten dem König ergeben zu. Der weiße Sechsspänner bahnte sich den Weg durch Wald und Flur.

Der Reichtum des Landes und der Mutter Erde spiegelte sich in den hierarchischen Höfen und Gütern der Landgrafen und Gutsherren wider. Das makellose Weiß der Gebäude hob sich vom hellen Blau des Himmels deutlich ab. Die Vögel sangen ihr Lied und die Pferde mit ihren Jungtieren jagten spielerisch von einem Ende der Koppel zum anderen. Die Lustschlösschen und Wandelgärten waren heute weit hinter dem Weg der Prunkkarosse geblieben, denn der König wollte an diesem Tage weit in „sein Land“ fahren. Die Häuser am Weg waren jetzt nicht mehr so makellos und die Straßenkinder waren lehm- und dreckbeschmiert. Auf dem steinigen Feld zum Waldrand stand das Korn nur spärlich.

Die Bäuerinnen und Mägde blieben stehen und machten ihren Hofknicks vor dem König. Die Bauern und Knechte verweilten und zogen ihren Hut vor dem Wappen des Königs. Nur ein alter Bauer schob seinen Hut in den Nacken und arbeitete weiter, ohne dass er scheinbar den König bemerkt hatte.

Das sah der König und ließ Pferd und Reiter zum Stillstand bringen. Der König ließ sich den Verschlag öffnen, den Schemel zum Heruntersteigen bereitstellen und stieg aus der Kutsche. Er blieb einen Augenblick verhalten stehen und näherte sich unter den Augen des gesamten Hofgefolges dem Bauern auf dem Feld. Ihm folgten der Hofmarschall und die Minister. Doch der Bauer verrichtete, sichtlich ungestört, seine Arbeit. Jetzt stand der König dicht neben ihm und der alte Mann hob sein schweißbedecktes Gesicht gegen das Sonnenlicht. Er sah die Silhouette des Königs. Der Bauer war vom Glanz des Lichtes geblendet und rieb sich mit den schmutzigen Händen die Augen.

Der König sprach: „Sag, Bauer, hast du mich nicht kommen sehen?“ Aber der Bauer blieb stumm. „Du verrichtest fleißig dein Tagwerk zum Ruhme deines Landes. Das gefällt mir. Sprich Bauer“, sagte der König mit einem gönnerhaften Wohlwollen auf den Lippen, „liegt dir etwas auf dem Herzen oder kann ich dir Last abnehmen? So sage geradeheraus und sei ehrlich, dann wird dir nichts geschehen!“

Der Bauer stützte sich mit gekrümmtem Rücken auf seinen Spaten und sprach in einfacher Weise: „Herr König, ich bin in dieses Land geboren so wie auch meine vier Knaben und meine drei Mädchen. Einen Jungen und ein Mädchen hat die schwere Geburt dahingerafft. Drei Söhne zogen im Heer des Königs hinaus in den Krieg. Zwei blieben im Feld und ein Krüppel kam zurück. Ich habe mit meiner Frau und meinen Kindern fünf Mäuler zu stopfen. Den zehnten Teil meiner Ernte muss ich zu dem großen Speicher des Königs führen. Der Boden hier ist schlecht und karg. Das Dach unseres Hauses ist beschädigt und der Regen rinnt hinein. Die Räume sind klamm und modrig. Meine Frau liegt krank im Bett und ich habe keinen Heller für einen Arzt.

Eine Zeit lang standen sich der König und der Bauer gegenüber. Der Bauer blinzelte gegen das Sonnenlicht und sprach mit festerer Stimme:

„Herr König, wir gehören Euch und gehören Euch doch nicht. Wir sind in Eurem Besitz und doch sind wir nicht Euer Eigen. Unser Herz, unser Geist und unsere Seele haben wir weder verraten noch verkauft. Aber wir dienen Euch mit unserem Körper und geben dem König, was des Königs ist. Wir sind die Herren über unser Tagwerk, aber wir dienen nur ihm. Ihr, verehrter Herr König, Ihr herrscht nicht, um zu dienen; Ihr raubt, um mehr zu besitzen, und esst, um mehr zu trinken. Ist dieses Land wirklich Euer Eigen und gehören Euch Samen und Frucht dieser Erde?

Kein Vogel singt in einem offenen Käfig, wenn er um die freie Natur weiß. Kein Samen schlägt Wurzeln auf Fels und Stein. Wenn Ihr mit dem Herzen dient, so ist für uns alle der Tisch reich gedeckt. Es gibt keine Armen, die leiden, und keine Reichen, die klagen. Der Hunger und der Tod fegen nicht die Tenne. Denn der, der dient, öffnet das Herz zum Bund und schließt nicht die Hand zur Faust. Die Saat des Guten liegt nicht im Besitz, sondern in der Gabe einer offenen Hand.“

Der Bauer senkte sein Haupt und murmelte: „So, nun macht mit mir, was Ihr wollt!“ Einen Augenblick lang stand der König bleich und starr vor dem alten Mann. Er war sich seiner Situation bewusst und blickte auf seine Hofschar. Er wusste, dass menschliche Größe nicht in Hochmut, sondern in Demut Bestand hat. Er reichte dem Bauern wortlos die Hand und sie sahen sich noch lange in die Augen. Keiner hatte bis jetzt von dem anderen Menschen gewusst – und doch war ihnen, als hätten sie sich schon lange gekannt.

Es kam der Abend am Königshofe. Nur eine Kerze erhellte zum Sehen das Gemach des Königs. Doch dieses Licht war die Zukunft in der Finsternis.

Der Sinn dieser kleinen Geschichte wird uns durch meine vorherigen Zeilen offenbar. Wenn uns im Vertrauen die Erde gegeben worden ist, so sind wir für sie verantwortlich und nicht nur moralisch haftbar.

Die Selbstsucht des Menschen überschreitet alle Grenzen der Vernunft und zerstört da, wo die Zeichen des Lebens jahrtausendelang Bestand hatten. Trägt also der Mensch die Neigung zur eigenen Zerstörung in sich oder ist es ihm nicht bewusst, dass er an den Säulen des Erdballs rüttelt?

Erde, Feuer, Wasser und Luft wurden uns nur einmal gegeben. So tragen wir neben der inneren Schuld auch die äußere Schuld in unserem Herzen. In diesem Jahrzehnt des einundzwanzigsten Jahrhunderts stehen wir verbraucht und mit leeren Taschen vor dem *Kreuz* Christi. Verdammt und verflucht – und doch mit der Hoffnung nach Heimkehr.

6.5 Am Kreuz

So steh ich da in meiner Schuld
und neige still mein Haupt vor Dir.
Gedankenvoll in großer Huld
stehen Reue und Buße hier Spalier.

Wie soll ich's wagen, wie soll ich's sagen?
Die Hände schließen fest den Bund
und tausendfache Herzensklagen
erheben sich vom Lebensgrund.

Du hast das schwere Kreuz ertragen,
Dein Werk wird nimmer mehr vergehen,
Dein Vater hat Dich stets getragen
im Sterben und im Auferstehen.

Ans Kreuz wurdest Du von uns geschlagen
zu unserer Sünd' und Deiner Ehr',
Du warst mit unserer Schuld beladen,
ein Leiden ohne Gegenwehr.

So lass mich nicht viel Worte machen
und rette mich aus Not und Pein,
aus Blindheit sollen wir erwachen
zum Lob des hellen Lichterschein.

6.6 Inseln im Strom

So treiben wir als Inseln im Strom der Zeit. Verworren im Wirbel der Verdammnis und der Ungewissheit. Es gibt hier kein Halten, kein Besinnen. Wir sind die stummen Schicksalsgefährten der Verkettung negativer Geschehnisse. Lieblos und gequält strömen wir auf den Fall der Vergänglichkeit zu.

Im Rausch der Sinne driften wir entfremdet und egoistisch in eine Welt der menschlichen Leere. Trotz aller Macht des Wissens tragen wir die Schuld der Versäumnisse. Was hebt die Entfremdung und Isolation der Selbstsucht auf? Wenn wir das geistige Spektrum von Glaube, Licht und Hoffnung erkennen, müssen wir uns aus dem egozentrischen Strudel der Zeit lösen und uns in eine Hinwendung von Liebe und Verständnis begeben. Wir müssen die weisen Brücken der Nächstenliebe schlagen.

Oft ist das andere Ufer des Nächsten schroff und bizarr. Wenn wir aber übersetzen, bereiten wir uns einen neuen fruchtbaren Weg der Erfahrung und der gemeinsamen Erkenntnis. Das humane Neuland ist meist unverständlich, fremd und kalt. Unser Verständnis ist das Signal für den anderen Menschen, dass wir uns in ein friedvolles Miteinander einfühlen können und der Weg der Herzlichkeit und Wärme bereitet ist. Die Sprachen der Inselbewohner sind verwirrend, doch sollten wir die Sprache der Liebe sprechen. Sie ist der Nährboden für ein gesegnetes Verständnis und die Saat für eine hoffnungsvolle Zukunft. Darum lasst uns das Wasser der Wahrheit trinken, das Brot der Hoffnung brechen und die goldenen Brücken des Friedens bauen.

Der Egoismus hat uns geteilt und zerrissen. Wir haben die Gemeinsamkeit des festen Landes verloren und treiben hilflos dem Meer der Nichtigkeit zu. Unsere Zukunft, all unsere Hoffnung, hat nur im partnerschaftlichen Denken, Fühlen und Handeln Bestand. Wenn wir das nicht erkennen, driften wir gänzlich aus der Harmonie eines individuellen Lebens und Wirkens und treiben als Überrest einer entarteten Gesellschaft, weit abgeschlagen vom vollkommenen Gedanken, davon. Wir sind in einem Vergehen enthalten, dessen Klischee wir bereits heute in uns tragen.

Lasst uns die Boote und Schiffe besteigen, die Segel des Friedens setzen, den Anker der Hoffnung werfen und zu uns die Brücken der Liebe schlagen. Erst dann werden wir uns im anderen Menschen wiederfinden und uns in seinem Spiegelbild selbst erkennen. So wird dem Fluss der menschlichen Entartung und der seelischen Zerstörung Einhalt geboten. Die Inseln im Strom der Zeit sind verloren, wenn wir nicht unsere Position der Egozentrik über Bord werfen und einen neuen Kurs zu einem gemeinsamen, friedvollen Miteinander aufnehmen. Der Schritt aus der isolierten Selbstsucht der Verdammnis ist nur ein Augenblick der Ewigkeit, aber er ist die rettende Notwendigkeit der Gegenwart, die für uns alle Zukunft verheißt.

Die Inseln im Strom sind die Bruchstücke egoistischer Wandlung. Die Inseln entstanden aus der Gemeinschaft einer göttlichen Vernunft. Dieser weise Ratschluss ist das Dach der Welt.

6.7 Das Dach der Welt

Die Säulen des Erdballs stehen einzeln und Licht und Hoffnung, Zorn und Hass, Liebe und Vergebung wachsen nicht im gegenseitigen Schatten.

Die fünf vollendeten Kreise der Welt sind die fünf Säulen des Erdballs. Diese Weltkreise sind Amerika, Europa, Asien, Afrika und Australien. Die Glieder der Erde sind ein Stück vom Ganzen und haben sich nach ihrem Ursprung durch die Naturgewalt getrennt. Die Säulen tragen das Dach der Welt und haben den gemeinsamen Grund in unserer Erde. Das homogene Gefüge dieses Tempels der Weisheit ist die Grundlage allen irdischen Lebens. Die mächtigen Säulen tragen somit die Last der Erde und haben nur in der Gemeinschaft Bestand. Keine Säule kann ohne den anderen Pfeiler der Wahrheit bestehen. Keine Säule kann ersetzt oder erschaffen werden. Dies ist das Ergebnis des schöpferischen Ratschlusses. Daher trägt die Welt den Menschen und der Mensch trägt die Welt.

Die Säulen der Welt stehen auf tönernen Füßen und der Egoismus des Menschen, seine Rach- und Habsucht, lässt das Gebilde der Ewigkeit wanken. Die Kontinente sind also, so wie alle Menschen in ihrem natürlichen Bestand, aufeinander angewiesen. Das Licht und die Liebe erfahren, ebenso wie unser Handeln und die Sünde, aus weltlicher Sicht keine Trennung. Die fünf Erdteile sollten also nicht nur ein natürlicher Bund der Menschheit sein, sondern auch die Grundlage für eine friedvolle, verantwortliche Koexistenz aller Völker. Das Weltklima setzt sich aus den Bestandteilen der Erde zusammen, daher besteht eine weltbedingte Globalhaftung der Nationen hinsichtlich allen Lebens.

Wenn wir die grüne Lunge Südamerikas abholzen, FCKW-Kühlschränke und Spraydosen nach Afrika verkaufen, Dioxin-Mittel in Drittländern endlagern und die Rohstoffquellen räuberisch ausbeuten, dann hat die Menschheit in ihrem zerstörerischen, egoistischen Wahn den Bonus als „Krone der Schöpfung“ verspielt und sich mit den halt- und besinnungslosen Narren und Toren der Erde vereint.

Der Fall der Menschheit scheint unabänderlich. Unsere *Klage* zerfällt an den Barrikaden der Egozentrik und den Mauern des Egoismus.

6.8 Klage

Wie soll ich klagen, wie soll ich es sagen,
der Schmerz ist des Leids Geschick.
Kein Herz wird nach der Pein nur fragen
im Tollhaus vom Weltenglück.

Zerschlagen habt ihr mein Vertrauen,
gemeuchelt meine Liebestat,
und Satan wird die Welt zerhauen
im Bösen, im Blut und im Verrat.

Die Finsternis herrscht überall,
kein Erdteil ist davon verschont,
nach Hochmut kommt der bittere Fall,
wenn in dem Geist das Übel wohnt.

So ist das Kreuz doch Euer Glaube,
verblichen ist sein Glanz der Zeit,
vertrocknet sind des Menschen Traube,
ein bitterer Wein der Dunkelheit.

Des Menschen Herz ist kalt und hohl
und seine Hand, sie nimmt und greift,
vergessen ist des Lebens Pol,
kein Samen ist in der Zeit gereift.

Der Wind hat alles Gut verweht,
der Acker trägt keine Frucht
und wenn die Spreu zum Tanzen geht,
ist alle Welt verwehrt, verflucht.

Das Wasser läuft zwar in der Mühle,
doch treibt sie nur das Rad der Zeit,
und in des Morgens frischer Kühle
zerrinnt die große Ewigkeit.

Mein Herz findet niemals Heimat,
kein Friede strömt aus dieser Welt,
der Geist hat keine Heimstatt, das Leben ist nicht Ruhm noch Geld.

So sind sie durch den Raum geklungen,
die Macht, die Gier und auch der Hass,
der Teufel hat stets mitgesungen
in Freude, Spott und Aderlass.

Verloren steht die Welt im Licht,
kein' Scham umhüllt die Herzen,
kein Friede glänzt im Angesicht,
vergänglich brennen alle Kerzen.

Wie soll ich es sagen, wie soll ich klagen?
Kein Mensch wird meinen Schmerz verstehen,
aber in alten und in neuen Tagen
wird diese Welt nicht untergehen.

Der Mensch ist der Versuchung unterlegen. Neid und Habgier haben ihm den Weg verstellt. Überall ist nun die *Zeit der Versuchung*.

6.9 Zeit der Versuchung

Sie kennt weder Stund' noch Zimmer,
keinen Namen und keinen Rang,
in der Welten Scheingeflimmer
schleicht sie lautlos, ohne Klang.

In den Hütten und Palästen,
kennt man sie stets zugleich,
auf des Paradieses letzten Ästen
wird der Himmel zum Höllenreich.

Die Versuchung birgt im Heute
Schwäche, Gier und Dramentanz,
charakterlose Lebensbeute
der vollen Prüfung Ignoranz.

Die Versuchung zeigt Gedanken
an den Tag – vor langer Zeit –
und der Mensch beginnt zu wanken,
Seelenqual und Herzeleid.

Zeige ihr Schwert und Wappen
und entsage falsch' Begehr,
der Hölle alter Flammenrappen
hat seinen Ritt auch in dir.

So ist die Versuchung erst einmal die Eigensucht des Herzens. Nur in der Schwäche des Geistes bekommt so die *Wurzel allen Übels* Luft und Nahrung.

6.10 Die Wurzel allen Übels

Im Wandel der Zeiten auf unserer Erde sind Tag und Nacht Zeichen der Vergänglichkeit. Seit vielen Millionen von Jahren dreht sich unser Erdball um seine eigene Achse. Bei näherer kritischer Betrachtung unserer „hochzivilisierten Gesellschaft“ ist beim Menschen die Egozentrik unseres Erdballes in vielen Bereichen nachvollziehbar. Das egozentrische Verhalten unserer Welt und damit der daraus resultierende Egoismus sind auf unserem Globus die Wurzel allen Übels. Die Selbstsucht, die ausschließlich am eigenen Nutzen orientiert ist, setzt das eigene Wohl – auf Kosten anderer – als förderlichen Maßstab ein.

Der Egoismus entspricht einem Zeitgeist, der auf dieser Welt immer vorhanden war. Jedoch hat dieser Zeitgeist, seitdem der Mensch die Stufen der Evolution durchschreitet, immer mehr seinen Niederschlag gefunden.

Aber es unterscheidet sich der Egoist der Gegenwart kaum von dem Egoisten der Vergangenheit. Der in unseren Breitengraden „gelehrte und gelernte“ Egoismus endet, weil er meist mit einer zunehmenden Haltung eines möglichen Machtanspruches verknüpft ist, in einer persönlichen Sackgasse der Entfremdung des Menschen. Sicherlich ist ein gesundes, egoistisches Denken in unserem euro-amerikanischen Kultur- und Wirtschaftskreis einer leistungsorientierten Gesellschaft zweckmäßig, doch der Maßstab zwischen gesundem, bestehendem Egoismus und grenzenloser Selbstsucht ist in fließenden, dem Einzelmenschen entsprechenden, Grenzen anzusiedeln. Hierbei geht es nicht nur um den materiellen Egoismus zwischen den einzelnen sozialen Schichten, sondern auch um den nachfolgenden moralischen Egoismus, mit dem eine zeitversetzte Wechselwirkung besteht.

Aber, um es zu betonen, es ist nicht die menschliche existenzielle Sicherung von Leben ausschlaggebend, sondern es ist der „krankhafte, egoistische Selbstanspruch“ aus Besitzsucht und Gier erkennbar, der sich wie ein Krebsgeschwür auf dieser Welt durch alle Instanzen des menschlichen Seins breitmacht. Es findet daher, aufgrund des Endergebnisses einer gefühlskalten, egoistischen und entarteten Welt, eine selbstzerstörerische Schuld statt.

Sicherlich, lieber Leser, weisen wir alle negativen Fakten in dieser Niederschrift im persönlichen Bezug von uns und sind doch allzu schnell bereit, mit erhobenem Finger auf unsere „egoistischen Mitmenschen“ zu zeigen. Doch sollten wir uns besinnen und bedenken, wie weit wir, gewissensbezogen, unseren Egoismus mit unseren Mitmenschen tragen können. Wir sollten den Mut besitzen, unsere eigenen Verhaltensmaßstäbe selbstkritisch einer Überprüfung zu unterwerfen. In der Anhäufung materieller Güter leben wir in unserer Hackordnung der ersten Welt auf Kosten anderer Menschen.

In unserer Bewusstlosigkeit und unserer Habgier versäumen wir es, eine regulierende Verhaltensweise an den Tag zu legen. Unser Egoismus ist somit von einer gewissen Verantwortungslosigkeit anderen Menschen gegenüber getragen. Das egoistische, rücksichtslose Verhalten endet oft in der Potenz von Skrupellosigkeit.

Bei genauer Anschauung erkennen wir, dass der Egoismus die Folge von negativen Beweggründen der Menschen ist. Übersteigertes Prestigedenken, Minderwertigkeit und Berechnung erkennen wir ebenso wie mangelnde Anpassungsfähigkeit und asoziales Verhalten. Zwischenmenschlicher Kontakt findet in einem Wechselspiel von Geben und Nehmen statt. Durch die Einseitigkeit des Egoisten sondert er sich nach innen und nach außen ab. So findet ein sozial begründeter Vereinsamungsprozess statt. Es fehlt im Umfeld die solidarische Ausgleichshaltung im Fühlen, Denken und Handeln des Egoisten. „Krankhafter Egoismus" ist keine Erbanlage oder Laune der Natur, sondern sie ist die persönliche Richtschnur eines – teilweisen lebenslangen – fehlorientierten Verhaltens aus der Schule der Gesellschaft.

Der materielle Egoismus ist die eine Seite der Selbstsucht. Jedoch weitaus schwerwiegender ist in unseren Kreisen der moralische Egoismus. Überfüllte Nervenkliniken und Psychiatrien sind das Sinnbild für eine einseitige, erbarmungslose und herzlose „moderne Gesellschaft". Gebrochene Menschen sind die stummen Zeitzeugen einer falsch orientierten Gesellschaftsordnung. Der weitreichende Egoismus ist den wenigsten Menschen im euro-amerikanischen Wirtschaftsraum bewusst. Hier kann nur ein tiefgreifendes Bewusstsein dadurch geschaffen werden, wenn wir unsere negativen Verhaltens- und Gesellschaftsstrukturen erkennen und uns den Weg zu einer humanen und sozialen Gesellschaftsordnung ebnen. Dem Egoisten fehlt die Fähigkeit zu einer menschlichen Eingliederung. Seine zeitweilige, berechnende Anpassung an die Sozialstruktur findet daher bei ihm nur aufgrund eines materiellen und geistigen Kosten- und Nutzendenkens statt.

Die heutige Zeit ist von einer wirtschaftlichen Krise in vielen Bereichen unseres Landes gekennzeichnet – Zeit für Täter und Opfer, bewusst darüber nachzudenken, wie weit die „Egoismusspirale" der Gefühlskälte und Habgier noch geschraubt werden soll. Egoisten zeichnen sich durch ihre vermeintliche Stärke aus. Wenn jedoch viele Menschen auf Kosten anderer leben, so sind soziale und zwischenmenschliche Spannungen vorprogrammiert. Mitmenschlichkeit ist von Respekt, Achtung und Verantwortung getragen. Also Dinge, die im Gegensatz zu den nationalistischen, fremdenfeindlichen Strömungen in unserem Land stehen.

Deshalb ist der Sieger von heute der Verlierer von morgen. Daher kann die Selbstsucht nicht den Lebenssinn ersetzen und nur ein falscher Zeitwert sein. Solange der Egoismus als Lebenshaltung einer falsch unterrichteten Gesellschaft zum Eigenanspruch verkündet wird, solange verarmen wir in unserem erzielten Reichtum. Der Mensch ist das Spiegelbild der natürlichen Egozentrik dieses Globus. Er hat die negativen Grundformen dieser Welt im Herzen und in den Gedanken in seine geistige Haltung eingebracht. – Lassen Sie mich an dieser Stelle ein kleine Wahrheit erzählen über die *Geburt der Erde*.

6.11 Die Geburt der Erde – ein Königsmärchen

Vor Millionen Jahren, in einer Zeit, in der Zeit und Raum noch keine Rolle spielten, wurde unser Stern, der „Blaue Planet“, geboren. Es herrschte finstere Nacht und nur der allmächtige Sonnengott, Herrscher des unendlichen Universums, zog im ewigen All seine Bahn. Der Sonnengott spie Feuer und Lava und seine Korona war Jahrtausende von Lichtjahren zu sehen. Er ärgerte sich darüber, allein im Universum zu existieren. Vor lauter Wut kochte er und gab mit Kraft und Energie, die er in Form von Lavaströmen aussendete, seiner Umgebung Schöpfung und Leben zugleich. So kam es, dass sich Frau Luna zu ihm gesellte und sie sich näherkamen. Sie wurden ein glückliches Paar. Das ewige Sein im All wurde ihnen unendlich langweilig und öde. Vater Sonne und Mutter Mond wünschten sich ein Kind für ihr Sonnenhaus.

Es kam also die Zeit, die zeitlos war und als sich die Gestirne miteinander vereinten. Nur ein Schatten war jetzt im Sonnensystem mehr zu sehen. Vater Sonne und Mutter Mond zeugten ihr Kind, die Erde, unseren geliebten Planeten. Die Erde aber war leer und der Wildnis des Universums schutzlos ausgeliefert. Der Herrscher über Werden und Vergehen versah sein Kind mit den Elementen Feuer, Wasser und Luft und strahlte schützend sein Licht über den Erdball. Es war also die Zeit, als Sonne und Mond zugleich auf unserem Stern zu sehen waren. Das Erdenkind leuchtete und spürte die Kraft der Mächtigen der Macht. Denn der Schutz des Kindes war doch Vater und Mutter gegeben.

Es kam die Zeit des Sternes mit dem gleißenden Feuerschweif, der sich aus einem fernen System zu ihnen gesellte. Er machte das Anrecht auf den Thron des Vaters geltend, der Komet kam aus den fernsten Bahnen des göttlichen Alls. Vater Sonne nahm den Halbbruder auf und sie funkelten am Spiegel ferner Zeiten im All. Aber bald entbrannte zwischen den Kometen und dem blauen Planeten Streit, wer der Erstgeborene sei und Anrecht auf den Thron habe.

Darüber erzürnte sich der Sonnengott und kochte vor Wut, Ärger und Scham und verjagte den Kometen aus seinem System in die tiefen Fernen des unendlichen Alls. Die Erde aber strafte es mit der Egozentrik des Werden und Vergehens. So ließ es den Erdball rotieren und nur noch wechselweise von Vater und Mutter beschützen. Es entstanden Tag und Nacht auf der Erde und eine neue Dimension war geschaffen. Dem Kometen aber legte es die Strafe auf, seinen egozentrischen Bruder alle sechsundsiebzig Jahre einmal zu besuchen und – im Gegensatz zu anderen Systemen – elliptische Bahnen zu ziehen. Im Laufe der Zeit gesellten sich noch funkelnde Sterne wie Mars, Jupiter, Saturn, Pluto und viele andere Sterne zum Sonnensystem. Es werden ein Tag und eine Nacht kommen, da werden die Planeten wieder Hochzeit feiern und der Kampf um den Thron beginnt auf das Neue.

Wenn die Gestirne heute am Himmelszelt stehen, dann sollten wir daran denken, dass unser Egoismus aus Egozentrik resultiert.

Der Mensch unterliegt der Schwerkraft der Eigensucht. In der Gravitation des Geistes ist er der Macht der Vergänglichkeit unterworfen. Im Ablauf des Zeitgefüges ist er auf der Sinnsuche des Lebens. Er hinterlässt die *Spur* der Unvollkommenheit.

6.12 Die Spur

Der Schritt war kurz, schwer war die Last,
der Lebenslauf nur Müh' und Hast.
Der Mensch, er geht seine Spur
vom Wiegenbett zum Grabe nur.

Die Windsbraut, die alte Zeit,
bedeckt die Spur mit Vergangenheit.

So ist der Weg auf Erden Sterben,
Erfahrung, Sinn und tiefe Schuld,
wir sind der Sünde letzte Erben –
ohne Reu', ohne Buße, ohne Huld.

Der Mensch vergeht in seinen Zeiten,
nur Staub und Moder bleiben.
Der Zeitenrichter wird gestehen,
die Spur, die ist, sie bleibt bestehen.

Der Marmor zerfällt in Jahr und Tag,
der Ruhm treibt als Blatt im Wind,
das Leid der Welt ist ewige Klag'
und brennt im Feuer als höllisches Kind.

Der Mensch, er stirbt in einem Jahr,
sein Name ist nur Schall und Rauch,
doch seine Seele, was er war,
verlässt ihn mit dem letzten Hauch.

Die Spur, die auf dem Steine steht,
ist des Lebens schönster Schatz,
wenn Liebe und Gnade nicht vergeh'n,
dann findet der Dank den edlen Platz.

So ist die Last des Lebens schwer,
kein Narr, kein König will sie tragen,
sie ist das Maß des Himmelsheer
und prägt die Spur in neuen Tagen.

Auch das Wechselspiel der geistigen und emotionalen Bedürfnisse des Menschen richten sich nach seinem Ego aus. Er wirkt nur aus dem zentrischen Aspekt, letztendlich sogar aus einer subjektiv bestimmten Logik heraus. Er stößt sich an sich selbst und durchschreitet nicht das Erkenntnisfeld der *Objektivität*. So wird auch das hohe Ideal der *Liebe* auf dem Altar der Selbstsucht geopfert.

6.13 Liebe – objektiv

Menschlicher Kontakt findet in einem Wechselspiel von Geben und Nehmen statt, Zeit für uns, über die wohl komplexeste Art zwischenmenschlicher Verständigung nachzudenken. Liebe ist wohl die komplexeste Art der Verständigung. In ihrer Art des Aufeinanderzugehens und der gleichzeitigen Selbstaufgabe einer Person kommt sie einem hohen Idealismus nahe. Lieben heißt: sich ständig annähern, ohne wirklich die Erfüllung zu finden. An sich lieben wir, wenn wir lieben, nur das Verhältnis eines vom anderen Menschen reflektierten, positiven Spiegelbildes seines Wesens. Wir gründen auf dieses Bild unsere Liebe und vergessen die Komplexität der Schwingung im Positiven und Negativen des Mitmenschen. Wenn wir unsere Liebe an unserem egozentrischen Fixpunkt verankern, sind unsere Enttäuschungen und unsere unerfüllten Träume vorbestimmt.

Wir nehmen die Liebe nur selbstgefällig, eigennützig an und wahr. Die Person des Geliebten ist daher, von uns aus gesehen, austauschbar und wir jagen, unerfüllt, einem eigensüchtigen Phantom nach. Wenn unsere Liebe aber noch an den starren Formen der Materie fest verankert ist, so haben wir natürlich eine eigensüchtige, feste Größe vor Augen, aber wir vergessen, dass auch wir der geistigen und gefühlsmäßigen Veränderung unterliegen und wir, aus dem Aspekt von Zeit und Raum gesehen, nicht mehr „satt“ werden.

Das Verhältnis der Liebenden ist immer die Distanzgröße der humanen Reflexion und somit ist unsere Liebe im Geliebten unerfüllt. Das ist das wahre Leiden der menschlichen Liebe. Diese Distanzgröße basiert auf dem eigensüchtigen Magnetismus des Liebenden zum Geliebten. Diese Eigensucht stellt sich als Mauer zwischen die Personen.

Wenn wir aber aus diesem humanen Egoismus heraus wirken, werden wir die wahre Liebe nie finden. Die menschliche Liebe ist daher unvollkommen und unreif. Sie leidet am Bezug.

Unser „Herz“ entzündet sich in der Eigensucht und unsere „Gedanken“ sind bereits die Bewohner des humanen „Traumschlosses der Liebe“. Nur in der Loslösung der „Liebesreflexion“ vom Ego werden wir die wahre Liebe in der Erlösung unseres Geistes finden. Wenn wir jedoch auf das hohe Ideal der Liebe einmal anders blicken, so können wir folgende Feststellung äußern: Liebe ist die einzigartige Schwingung in unserem Sein, gleich wie die Flügel der Unendlichkeit einer Sehnsucht, die jeder Mensch in sich birgt. Geborgen und behütet. Fern von jeder Art eines Verstandes, das ein Menschenherz hat.

Die Liebe ist, ähnlich wie der Mensch, mit einer Art Bejahung zu versehen, die auf die einfachste Form einer Zweisamkeit gründet. Das einfache „Ich liebe Dich!" aus vollem Herzen stellt wohl die Eigenannahme der bejahenden und der liebenden Person dar. In den Worten „Ich liebe Dich." ist in der Anordnung der Worte und in ihrer Reihenfolge eine feste Größe im Bezug erkenntlich. Das Wort „Ich" ergibt sich aus dem Eigenbezug. Das Wort „liebe" ist die Distanz und Spaltung eines humanen Wertes. Letztendlich folgt das Wort „Dich". Der personelle Ursprung des verbalen Liebesaktes wird hier zuletzt angesprochen. Dies ist typisch für die gedankliche Sachlage und hier tritt der Egoismus des Aussagenden besonders deutlich hervor.

Liebe kann als Gefühl sicherlich nur als Bruchstück vom Verstand begriffen werden. Viel zu viele Faktoren sind in der Schwingung offenbar. Doch sollten wir, in der Abklärung von Zeit und Raum, auch einmal mit diesem Begriff nüchtern und sachlich umgehen. Der Satz „Ich liebe Dich." wurde zur Phrase und Floskel. Sicherlich sind sich wenige Menschen des objektiven Inhaltes dieses Satzes bewusst. Liebe ist natürlich ein Glanzpunkt im menschlichen Leben. Eine Schwingung, die zwei Menschen erfasst und – sei es auch nur für einen kleinen Moment der Ewigkeit – trägt und leitet. Die Liebe ist zu kostbar, um sie als Massenprodukt eines Gefühlssupermarktes zu Schleuderpreisen unter die Menschen zu bringen.

Liebe hat viele Facetten und ist daher ein Spektrum.

Aber Liebe ohne selbstlose Gegenliebe ist wie eine taube Schelle oder eine stumme Glocke. Es ist eine Schwingung ohne Resonanz. Diese Schwingung hängt jedoch ursächlich von unserer geistigen Haltung ab, Für und Wider eines tragenden und leitenden Aspektes. Hier ist unser geistiger Resonanzboden eine negative Frucht, die uns in den *Strudel der Egozentrik* reißt.

6.14 Im Strudel der Egozentrik

Egozentrik ist die Einstellung oder Verhaltensweise, welche die eigene Person als Zentrum allen Geschehens betrachtet und alle Ereignisse nur in ihrer Bedeutung für und in ihrem Bezug auf die eigene Person wertet. Der egozentrische Mensch stellt sich in den Mittelpunkt. Im Unterschied zur egoistischen Person zielt der egozentrische Mensch nicht auf sein Handeln ab, sondern bringt eine Weltauffassung zum Ausdruck, die alles in Bezug auf die eigene Person wertet.

Der Mensch stellt in seinem Denken die einseitige Weltauffassung der Egozentrik in den Vordergrund. Egozentrik ist die krankhafte, grundlegende Ideologie eines falschen Selbstbewusstseins. Dieser, der „Nabel-der-Welt-sein-Ansatz", wird vom Menschen verknüpft durch das Bewusstsein seiner Einzigartigkeit als Krone der Schöpfung. Hier wird das Geschöpf zum Schöpfer und es maßt sich der Mensch eine Werden-und-Vergehen-Funktion an. Der zu regulierende Mensch verfällt in die Rolle des Regulatoren. Im Strudel der Egozentrik gefangen, reflektiert der Mensch nur in sich selbst und erreicht bei dieser Einstellung nicht das notwendige volle Bewusstsein für die Spektralanalyse des Geistes. Die spiegelbildliche Darstellung seines Wesens gründet auf seinen Alleinvertretungsanspruch des Lebens. Somit steht er sich bei der Reflexion des Geistes selbst im Wege.

Getragen von dem Wahn, Schicksal und Fügung in der Eigenmacht zu halten, verfällt er seinem eigenen negativen Klischee. Er fällt immer wieder durch den geistigen, egozentrisch begründeten Magnetismus in das Raster seines Kernes zurück. Die Vervollkommnung des Geistes und des Verstandes bleibt ihm verwehrt. So ist er im Grund grundlos und er ist in Gott gottlos.

Der Mensch wirkt über seine Bedürfnisse hinaus und ist dadurch in der Gravitation der Verdammnis seiner Egozentrik eingeengt. So wie sich der Strudel der Egozentrik potenziell um sich selbst dreht, kann sich der Mensch dem Sog seiner Eigensucht nicht entziehen. Es ist daher ein neuer Denkansatz notwendig. Ein Denkansatz, der die Not wendet. Ein Denkansatz, der über den Magnetismus der Egozentrik hinausgeht. Sicherlich ist dieser nicht innerhalb der alten, human definierten Strukturen zu suchen. Der Sog der Eigensucht kanalisiert sich in das geistige Zentrum des Menschen und darf nicht die Option der Zeit sein.

Zur humanen Existenzsicherung sind daher eine sensible Bewusstseinserweiterung und ein qualitativer und quantitativer Bewusstseinsschub überlebenswichtig.

Durch die Polarisierung seiner Eigensucht ist dem Menschen eine Abstufung aus seinem Intellekt nicht mehr möglich. Seine Arbeit bleibt nur Bruchstück und wird aus dem Zusammenhang einer geistigen Ganzheitlichkeit herausgerissen. Eine negative Verkettung einer illusionistischen Größe bleibt daher nicht aus. Natürlich kann man die vordergründigen Motive einer solchen Haltung, die teils bewusst, teils unbewusst sind, darstellen. Der um Geist und Erkenntnis ringende Mensch projiziert sich durch sein aus der Evolution heraustretendes, animalisches Balz- und Imponiergehabe. In der Gier nach Macht und Wissen will er einem triebhaften Hunger einer potenziellen geistigen und menschlichen Hierarchie gerecht werden. Auf der Suche nach Erkenntnis gerät die, in eigene Not geratene, Menschenschicht in den Sog eines zukünftigen, destruktiven Handelns.

Der ungestüme Drang, gottähnlich zu werden, ist hier offenbar. Da die geistige Basis des Lebens auch immer eine moralisch und ethische Basis ist, tritt der Mensch eigensüchtig, einseitig aus dem Kreis der Vervollkommnung heraus.

Hier tritt im Strudel der Egozentrik der Kapazitätsverlust an Geist und Materie besonders deutlich zum Vorschein. Doch dieses freigeistliche Denken ist die Summe aus dem negativen Zeitgeist mit falscher Ideologie. So bleiben dem Menschen die durchwirkten Zusammenhänge des Mikro- und des Makrokosmos verborgen. Er ist im Eigenschein seiner Spiegelung blind geworden.

Nur wenn der Mensch erkennt, dass er sich aus dem geistigen und körperlichen Zentrum des verstandesmäßigen Eigenbezuges lösen muss, werden die Mauern und Schranken seiner beschränkten Wahrnehmung fallen und es wird sich eine Erkenntniswelt offenbaren, von der er heute nur zu träumen wagt.

Nur ein global sehender Mensch wird auch ein erkennender Mensch sein.

Natürlich verändert diese Ansicht die Reflexion des geistigen Spektrums. Wir erkennen hier einen idealistischen Anspruch. Aber was ist denn eigentlich so ein geistiger Idealismus? Idealismus ist nur die Kunst, erstrebenswert Gutem nachzueifern und dies im vorausschauenden Verhältnis des Vorhandenen zum Erreichbaren zu sehen. Ein Realist übernimmt nur die geistige Verantwortung für das Heute – ein Idealist aber entspricht nicht nur der Gegenwart, sondern auch der Zukunft. Idealisten sind Menschen, die im Heute das Morgen sehen. So werden aus Träumen Wirklichkeiten und aus diesen gangbare Wege für das Morgen.

6.15 Ideal

So strebe nach des Geistes Krone,
dem allerhöchsten Ideal, und
wenn die Fügung bei ihr wohne,
ist alles Leben Zeit und Fall.

Du wirst die Krone nicht erreichen,
mein Freund, dies sei Dir gewiss,
der Kern wird nie der Frucht entweichen –
das ist das alte Hindernis.

Die Krone ist, Traum fürwahr,
ein eifrig' Streben, ewig' Sehnen,
die Seele blickt so himmelklar,
keiner kann die Art nur wähnen.

Der Geist, das ist Unsterblichkeit,
das Herz der wahre Lebensdrang,
der Leib ist die Vergänglichkeit,
die Seele Gottes Glockenklang.

Es ist Zeit, uns neu zu orientieren. Es ist Zeit umzudenken. Wie können wir uns aus dem Strudel der Egozentrik lösen? Wie können wir uns aus der negativen Materie der Egozentrik befreien und wie können wir ein globales Bewusstsein erhalten? Wie werden wir frei für *neue Wege*?

6.16 Neue Wege

Karawanenrouten durch die Wüsten, Salz- und Handelsstraßen durch die Reiche, Schiffsverbindungen über Ozeane und kontinentale Luftverbindungen sind die alten und neuen Wege der Menschheit. Sie sind teilweise zugewachsen, ausgetreten, überlastet und manchmal neu beschritten. Der Wanderstrom der Menschheit ist schier endlos.

Aber so, wie es alte und neue Wege in der Menschheitsgeschichte gibt, gibt es auch Wege des Handelns, des Denkens, der Erfahrung und der Erkenntnis. Nicht immer bergen die neuen, komfortablen Wege den Erfolg, das Glück und den Reichtum in sich.

Aus der alten Salzstraße durch Deutschland wurde eine vierspurige Autobahn mit Europaanschluss.

Aber es geht nicht um die breiten und bequemen Wege im Leben, sondern um die gangbaren Routen in das Herz, in die Seele und in den Geist eines Menschen.

Egal welchen Weg der Mensch auch in die Fremde beschreitet, er muss irgendwie das Ziel Heimat finden. Eine Heimat, die ihn birgt und eine Heimat, in der er sich geborgen fühlt. Diese Heimat ist in seinen Grundbedürfnissen nach Sicherheit, Liebe und Wärme verankert. Die zugewachsenen oder ausgetretenen Wege und Pfade der Vergangenheit sind daher die Wegweiser für die hoffnungsvolle Zukunft. Diese alten Wege und Pfade gründen in unseren Religionen, in den alten Mythen, in Sitte und Gebräuchen. Diese Faktoren sind die Keim- und Brutstätten unseres Lebens. Sie sind unsere Wurzeln auf dem Acker Gottes.

Neue Ideologien, die nur eine elitäre Schicht ansprechen wollen, dienen nur der Eigensucht Einzelner, aber nicht der Gesamtheit. Doch die alten Wege führen zum Herzen hin und aus dem Herzen der Menschen heraus. So ist für das Verständnis und die Verständigung zwischen den Menschen die alte eingefahrene Richtung unentbehrlich. Will man die Menschen erreichen, so muss man alte Wege in einem veränderten Bewusstsein neu beschreiten. Nur wenn man den Weg dieser Menschen auch in all seinen Nöten und Hoffnungen begreift, wird man nicht nur einen gangbaren Steg finden, sondern auch Wegbereiter oder Wegerneuerer einer verheißungsvollen Zukunft werden.

In diesen Tagen wird innerhalb der Endzeit oft nach dem religiösen Glauben und dem Lebenssinn gefragt. Hier stehen viele Fragen mit wenig genügsamen Antworten und einige Antworten mit vielen Fragen im Raum. So ist es nicht wichtig, mit viel Worten wenige, intellektuelle Menschen anzusprechen, sondern mit aussagekräftigen, wenigen Worten das Herz vieler Menschen zu bewegen. Aber nicht nur das Herz, sondern auch ihren Geist.

Denn wir alle wissen, dass die Menschen von Geburt an mit der Fähigkeit der Unterscheidung aufgewachsen sind. Sie sind zu positiven und negativen Vergleichen fähig. In ihrer täglichen Hoffnungslosigkeit und dem unbefriedigten Lebensinhalt greifen sie oft auf gebräuchliche Wege, die zu ihrem Herzen führen, zurück. Der ertrinkende Mensch klammert sich in der Verzweiflung an den Strohhalm des Glaubens und dieser Halm wird auf dem Nährboden des Geretteten das reiche Feld Gottes.

Es geht also darum, gangbare Wege zu beschreiten. Sie müssen allen Menschen zugänglich sein. Die Wege müssen sich in der Zeit des Raumes offenbaren und sie müssen die Schilder tragen, die zu den Herzen der Mitmenschen führen.

Der Scheideweg der Menschheit muss daher ein gangbarer, akzeptabler Weg in eine Zukunft sein, die nach dem Durchwirken der nächsten Evolutionsstufe zumindest den Hoffnungsschimmer am Horizont aufweist. Nur wenn das die Menschen erkennen, wird die Völkerwanderung des Herzens und der Vernunft einsetzen. Nicht zuletzt ist für das Beschreiten der neuen Wege ein verändertes und erweitertes Bewusstsein vonnöten. Wenn wir uns von der Vielfalt so genannter alltäglicher Grundbedürfnisse lösen, dann wird auch ein freier *Geist* in uns dafür Sorge tragen, dass alles, was nicht erkannt, offenbar, und alles was noch mangelt, erfüllt wird.

7. Zeitzeichen des Geistes

7.1 Freigeist

Ein freier Geist dünkt sich wie ein Vogel in einer offenen Hand. Wenn er frei bleibt und frei ist, verbleibt er bei dir. Bindung und Anpassung sind sein Verhängnis. So sind es die Fallen des Zentrums der Eigensucht und die Netze der Gefangenschaft, die ihn umgarnen wollen.

Ein Freigeist fordert die Loslösung von geistigen und materiellen Bestandswerten. Die Richtschnur aller Dinge und das Maß am Leben schlechthin sind nicht das Glück, sondern das Leiden. Weil wir im Leiden eine dimensionale Einheit mit uns selbst wiederfinden und die Erkenntniswelt unserer geistigen und seelischen Beschaffenheit durchdringen. Im Freigeist und einer leidvollen Erfahrung schaffen wir in einem Wandlungsprozess den Abstand vom Geschehenen. Wir stellen Zeit und Raum in Frage und überantworten sie einer geistigen gegenwärtigen Zukunft.

Leider ist eine Vielzahl von Menschen taub und blind geworden, weil sie im Geschehenen aktiv und passiv enthalten sind. Die meisten Menschen haben aufgrund ihrer Distanzlosigkeit und dem negativen, kraftvollen Ich-Bezug einen auswahllosen Weg in eine zerstörerische Zukunft vor sich. Da der heutige durchschnittliche Mensch zu den Kleingeistern und Krämerseelen gehört, entdeckt er nicht die Globalität der Gesamtheit aus einer gewissen Entfernung und erkennt nicht deren wirkungsvollen Zusammenhänge.

Die Bedingungen des Mikrokosmos sind im Makrokosmos enthalten. Das bedeutet Folgendes: Wenn wir uns nur als Teil des Ganzen betrachten, müssen wir auch sehen, dass das Ganze ein Teil vom Kleinen ist. So findet in der Vervielfachung des Einzelnen die Aufgliederung für die Gesamtheit statt. Aber was verwehrt uns wieder einmal den Einblick in die Globalität unserer Welt? Es ist die Berechnung des Menschen in der Egozentrik. Diese Egozentrik schränkt den Menschen ein und der Mensch verkleinert mit dieser Egozentrik die Reichweite zu einer geistigen Globalität. Hier wirken die negativen Gesetzmäßigkeiten eines geistig, irrationalen Magnetismus in Verbindung mit einer zerstörerischen Zentralkraft, deren Eigenrotation eine verhängnisvolle, zukunftsweisende Strudel- und Sogwirkung in sich trägt.

Somit ist der Mensch in sich selbst gefangen und das ist die Ursache dessen, dass unser geistiges Leben auf der Welt gegenwärtig nur Stückwerk ist und bleibt. Der Mensch bleibt somit unter seinen geistigen

Möglichkeiten und leistet einen negativen geistigen Offenbarungseid einer Scheinwirkung erzeugenden, eigensüchtigen Gegenwart. Wenn wir aber bedenken, dass der Mensch die Potenz der Wurzel des Geschehenen ist, sehen wir in der Zurückverfolgung unserer menschlichen Geschichte eine geistige Entartung. Es ist ein falscher Verstand und ein falsches Gefühl, die uns Hemmnisse auf dem Weg zu uns selber bringen. Wenn wir nicht das Licht der geistigen Wahrheit erkennen, wandeln wir in der Finsternis. Wir verringern aufgrund der falschen geistigen Denkstruktur die Entfernungen zwischen uns. Nur in einer freigeistlichen Loslösung entgehen wir einer mehrfachen, unbewussten Überschneidung eines negativen Gedankenzyklus.

Wenn wir den philosophischen Aspekt dieser Dinge betrachten, sind wir sicher der Auffassung, dass wir uns von subjektiven Gefühlssynthesen loslösen müssen.

Die geistige Wahrheit liegt nicht in der Gegenseitigkeit einzelner Werte, sondern in ihrer spektralen Umkehr. Wir können sicherlich sagen, dass wir uns in unserer Welt der wirtschaftlichen, humanen und moralischen Denkstrukturen eine falsche Rangordnung gestellt haben. Wir sind aufgrund unserer Grundbedürfnisse, die vorrangig zu befriedigen sind, in ein Abhängigkeitsverhältnis gefallen, das uns den geistigen, körperlichen und seelischen Weg zu uns selbst versperrt.

Denn trotz einer gewissen Globalität unseres Lebens haben bestimmte Bereiche einen eigenen Wirkungs- und Bedürfnisaspekt.

Das Leben besteht mehr als nur aus Essen und Trinken, mehr als nur aus Geborgenheit und Sicherheit, mehr als nur aus Wärme und Glück. Es sind die Widersprüchlichkeiten der einzelnen Unterschiede, die uns zum Nachdenken anregen sollten.

Freigeistliche Relevanz geht nur von der Basis einer verstandes- und vernunftorientierten Grundstruktur aus. So wird ein freigeistliches Denken die Mauern und Hemmnisse einer eigensüchtigen Welt überwinden und den „Engpass“ der menschlichen Zerstörung unseres Jahrhunderts überstehen. Aber nur der Fall, der das Leiden und die Erkenntnis der Menschheit in sich birgt, ist die Quelle für eine geistige, positive Rückbildung der Menschenart.

Aber heute sind wir noch die Gefangenen im eigensüchtigen Dreiecksgefüge von *Wahn*, Wahrheit und *Wirklichkeit*. Erkennen werden wir daher nur, wenn Festbegriffe aufgegeben werden und wir uns einem spektral positiven Fluss, einer human vernunftorientierten Welt zuordnen.

Wenn wir uns innerhalb einer zerstörerischen Egozentrik nur in uns selbst spiegeln und nicht uns als Reflexion einer hohen, geistigen Wahrheit sehen, dann wird der stumpfe Spiegel der Eigensucht blind bleiben und wir werden im Sumpf unserer „geistigen Eitelkeit“ vergehen wie ein Blatt im Wind.

7.2 Zwischen Wahn und Wirklichkeit

Wahn und Wirklichkeit sind zwei Wechselbegriffe im Spiegel der Zeit. Eine objektive Betrachtung dieser unterschiedlichen Wertpole ist uns erst aus einem distanzierten, zeitlichen Standpunkt möglich. Die Verschiebung von Zeitabläufen in Vergangenheit, Gegenwart und Zukunft bildet das Wechselspiel der Begriffe und eine Aufhebung einer „normierten“ Polarisierung seiner Inhalte. Aus dieser Sicht fällt dann eine Begriffszuordnung – auch dem zurückhaltenden Betrachter – schwer. Wenn wir dann noch versuchen, in diesem Dreiecksverhältnis den Punkt einer differenzierten Wahrheitsfindung zu ergründen, müssen wir bereit sein, uns einer begriffsbezogenen, vergleichbaren, aber auch durchaus fließenden Zuordnung hinzugeben. Dieser Fluss der spiegelnden Wertvorstellungen birgt in sich also die wahre Verhältnismäßigkeit.

Ein weiterer Faktor dieses Stromes ist die Zeitkomponente. Sie schafft zwar einen gewissen Ausgleich im Dreiecksgefüge aus Wahn, Wahrheit und Wirklichkeit. Sie ist aber zu einer gänzlichen Aufklärung der Sachverhalte weitgehend ungeeignet. Aus diesem Grund lässt sich im kleinen Maßstab in unserer schnelllebigen Zeit der Generationskonflikt und im großen Maßstab die Jahrhundertverschiebung von Wahn, Wahrheit und Wirklichkeit nicht vollends klären. Unter diesem Aspekt verlieren verstandesmäßige Wertzuordnungen und Festbegriffe ihre Gültigkeit.

Der Balanceakt zwischen Wahn und Wirklichkeit auf dem Drahtseil einer unvorstellbaren Wahrheit wird zum Vabanquespiel, wenn uns die Einsicht in dimensionale Ebenen und uns die weise Erkenntnis zur Zuordnung aus dem Fluss der Handlungsabläufe fehlen. Einseitiges und vorurteilhaftes Zuordnen dieser Verhältnisstrukturen ist hier ebenso wenig hilfreich wie ein bestehender „Gedankenrassismus“ aus Unkenntnis der Geschehnisse. Denn der Wahn ist nur das unwillkürliche, reflektierte Zerrbild der Wahrheit auf einer unbekannten, unwirklichen Ebene.

Dieses Zerrbild der Wahrheit ist das Spiegelbild und hat ebenso wie die „normierte“ Wirklichkeit eine existenzielle Berechtigung in einer ganzheitlichen Lebensstruktur. Eine Strömung ist also vorhanden und offenbart sich dem aufgeschlossenen Betrachter in einem Kreislauf der Begriffswerte, die aber veränderbar anzusiedeln sind. In der Wirklichkeit liegt der Wahn und im Wahn liegt die Wirklichkeit. Im Heute liegt das Gestern und im Gestern liegt das Morgen. Nur wenn wir uns aus der Starrheit und Trägheit einer „normierten“ Gedankenwelt lösen, werden wir in einem wertfreien Verständnis dieser Geschehnisse erkennen, dass ein tiefer Sinn diesem Fluss aus Wahrheit und Weisheit zuzuordnen ist.

Wie weit sind wir in das Reich der Erkenntnis vorgedrungen? Ist dieses Reich für uns künftiger Fluch oder göttlicher Segen. Wir haben uns in den Fallstricken der Eigensucht verfangen und leben in einer optionslosen Zeit.

Nur ein bewusstseinserweiternder Schritt zurück an den Knüpfpunkt aller Verfänglichkeit wird im veränderten Bewusstsein ein großer Schritt nach vorne sein. So wird auch ein neuer Geist in das *Reich der Erkenntnis* einfließen.

7.3 Im Reich der Erkenntnis

Das Wahrnehmen, das Erfahren und das Erkennen sind in der Summe des geistig-seelischen Anspruches eng miteinander verknüpft. Die Erkenntniswelt eines Menschen ist das Spiegelbild seines Geistes. Die auf Geist und Vernunft basierende, synthetische Erkenntnis ist ein Teil des wahrhaftigen Lebenskreislaufes der Menschheit.

Der gegenwärtige Erkenntnisrang entspricht dem stufenförmigen, evolutionären Stand der Menschheit. Daher ist die Erkenntnis in diesem Sinn das wertneutrale Bild einer geistig humanen Eigenverantwortung. Eine neugewonnene Erkenntniswelt ist die Grundlage für eine bewusst kreative Handlung. Sie ist somit die geistig zeitliche Triebfeder im Zahnrad der Menschheitsgeschichte. Die Erkenntniswelt ist fließend und kann niemals absolut sein. Erkenntnisse werden in einer Vorphase des ganzheitlichen Ablaufbedarfes erzeugt. Darum leiden wir heute noch an den – teilweise zeitversetzt – gewonnenen Spätfolgen früherer Generationen.

Da jede neugewonnene Erkenntnis geschichtlich nachvollziehbare, machtpolitische Auswirkungen hatte, wird sie aufgrund eines höheren schöpferischen und vollkommenen Planes auf den jeweiligen Stand der menschlichen Fortentwicklung reduziert. Darf also der Mensch im Reich der Erkenntnis nur so viel wissen, wie er auch dafür Verantwortung tragen kann und ist das die primäre Schutzfunktion zur Erhaltung der Menschenart?

Das Handwerkszeug des Neandertalers waren die Axt und der Feuerstein. Im jetzigen Zeitalter forscht der Mensch nach dem Atom und dem Molekül im Mikro- und Makrokosmos. Eine vernunftorientierte, humane Verwendung der neugewonnenen Erkenntnis ist vorausschauend erforderlich. Weitreichend ist eine objektive, wahrhaftige, Betrachtung der Resultate, hin zu einem humanen Spektrum, wünschenswert.

Denn es besteht eine Verhältnismäßigkeit zwischen der Willkür eines „modernen Zeitgeistes“ und einer sozialkritischen, geistig-moralischen Komponente der Menschen. Die Strömung der Erkenntniswelt ist über den momentanen Endwert idealistisch. Sie nimmt aber mit diesen Ideen eine neue hypothetische Form an.

Für einen heutigen Spitzenwissenschaftler ist die wahrhaftige, objektivnahe Erkenntnis Maßstab aller Dinge. Aber auch er weiß, dass der Mensch in einer subjektiven Abhängigkeit zu seiner Erkenntniswelt steht. Der Erkenntnisdrang wächst mit dem lebensnotwendigen humanen und geistigen Anspruch.

Ein zähes Ringen um die Erkenntnis des Menschen gab es zu allen Zeiten. Das sinnbejahende Spektrum, im Zusammenhang zwischen der, als Lebensstückwerk gewonnenen, unvollkommenen Erkenntnis und dem tiefen, schicksalsbegründeten Lebenssinn wurde nie richtig erkannt. Der Egoismus des Menschen verwehrt ihm auch in diesem Fall die Weisheit und den Ratschluss zu einer menschlich begründeten und lebensgerechten Zeit.

Im Spannungsgefüge unserer Subjektivität ist nach allen gewonnenen synthetischen Erkenntnissen eine an den Nöten der Wirklichkeit orientierte, humane Wissenschaft erstrebenswert. Die Triebfeder der menschlichen Intelligenz hat so weit versagt, insofern sie nicht die Gesetzmäßigkeit der geistig subjektiven Trägheit des Menschen mit in Anspruch genommen hat. Daher ist in der entstandenen Diskrepanz ein „Evolutionssprung“ wichtig, der die subjektiven Versäumnisse offenbart und Wegbereiter einer ganzheitlichen, intelligenten, am Mensch orientierten Wissenschaft sein wird.

Rang und Ruhm sind die vergänglichen Zeitzeugen einer impotenten Eigensucht. Nur wenn wir die Schranken und Barrikaden einer geistigen Eigensucht beseitigen, dann wird die Menschheit zu den wirklich erkennenden Geschöpfen Gottes zählen.

7.4 Der Bruder im Geist

Nur die intelligenten Narren meinen, den alleinigen Weg der Wahrheit und der absoluten Erkenntnis gefunden zu haben. Hier zeigt sich die menschliche Schwäche von einer besonderen Seite. In der Lieblosigkeit des Wesens dieser Leute ist die Angst vor Neidern und die Gier ihr Regent. Vermeintliche Minderwertigkeit, Ruhm- und Rangsucht sind die weiteren Faktoren dieser eingeengten spektralen Ansicht. Die Angst vor gemeinschaftlichem Sinn weist hin zu einem implizierten negativen Denken. Die subjektiv geistig aufgebaute Variante des egoistischen Alleinanspruches wird durch das Gefühl dieser Leute untermauert, dass sie von Neidern des Geistes, des Wissens und der Erkenntnis umgeben sind. Sie projizieren in ihrem asozialen Verhalten hierarchisches Machtdenken und eine primitive Hackordnung.

An sich sind diese intelligenten Narren erbärmlich und bedauernswert. Im Egoismus ihrer Eigenwelt können sie nicht die Hand über die Mauer ihres Egos reichen.

So ist diese Hand des Egoisten leer und hohl. Keine Gabe ist vorhanden und somit fehlt der Boden für die wahre Frucht des Geistes. Wenn ich mit meiner Lebensphilosophie mit einem anderen Menschen an einem gemeinsamen Punkt des Wissens und der Erkenntnis stehe, so freue ich mich darüber, ihn als Bruder oder Schwester des Geistes, nach aller Einsamkeit der Gedankenwelt, gefunden zu haben. Es ist für mich ein erhebendes und geborgenes Gefühl, dass auch andere Menschen mit mir meine Gedanken- und Gefühlswelt teilen. So fühle ich mich ihnen verbunden und trennen uns auch Tausende Kilometer dieser Welt. In dieser Herzenssache wächst Zuversicht und Wärme. Es entsteht ein transzendaler Kontakt der Brüderlichkeit des Geistes.

Wie arm sind doch die intelligenten Narren aller Sparten dieser Zeit in ihrem Strudel der Egozentrik. Kein Mensch hat alle Weisheit für sich gepachtet – doch die Weisheit ist für alle Menschen vorhanden. Ob arm oder reich, krank oder gesund, wissend oder unwissend. Wir sind alle aus einer Wurzel des Lebens geboren und alle Triebe, Blätter und Blüten werden in Raum und Zeit das Licht sehen.

Hochmut und Hochnäsigkeit müssen also der Demut und Bescheidenheit weichen. Dann werden die Narren ihre eigene Verdammnis erkennen und begreifen, dass der Weg zur Wahrheit und Erkenntnis nur durch die Liebe zum anderen Menschen und zur Natur führt.

Die Grenze zwischen Wahn und Wahrheit ist sehr dünn. Nur wer diese Grenze als Membrane einer humanen Weisheit versteht, der wirkt auch geistig transparent ein. In dem nachfolgenden Spruchtext *Narrheiten – Wahrheiten* ist diese Membrane offenbar. In der geistigen Treue zu Gott und zu uns selbst erkennen wir, dass alles im Leben Bestand hat und sei es noch so widersprüchlich.

7.5 Narrheiten – Wahrheiten

Im Spiegelbild steckt der wahre Sinn – doch der wahre Sinn ist dem Wahnsinn sehr nahe.

Sei listig wie der Fuchs und schlüpfrig wie die Schlange im Angesicht des Bösen. Heule mit den Wölfen, doch mische dich unter die Lämmer. Sprich Wahrheit, wenn man nur noch Lüge hören will.

Erbarme dich deiner Feinde, wenn ein Freund dich braucht. Achte auf deine Feinde und liebe die Brüder deines Herzens und die Schwestern deiner Seele. Erfülle Zorn mit Liebe und gib dem Neidenden deine ganze Habe. Teile, wo es nichts zu teilen gibt, und gib da, wo du scheinbar nichts mehr hast. Sage ja, wenn ein Nein von dir verlangt wird, und gib Hoffnung und Zuversicht, wenn niemand mehr an dich glaubt. Glaube dort, wo keiner mehr Glauben hat.

Steige den steinigen Weg auf den Berg, wenn dich deine Gedanken in das Tal führen. Erheitere, wenn dich nur noch Traurigkeit umgibt, und mahne zur Besinnung, wenn das Leben zum Tollhaus wird.

Umgib dich mit Freund und Feind und öffne dich dort, wo man sich dir verschließt. Verschließe dein Ohr da, wo man nur noch redet. Verstumme, wenn du reden sollst, und schenke dein Herz dem, der verstummt ist. Sage deinen Namen, doch nicht, wer du bist, und komme, wenn alles geht. Doch bewahre in deinem Herzen, wer du wirklich bist. Zeige dein Gesicht, wo man sich von dir abwendet, und wende dich von dem ab, der sich an dir ergötzen will. Darum, Freund, achte auf dich, dass dich kein Regentropfen erschlägt und dich der Lichtstrahl der Sonne nicht blendet – und du wirst vollen Herzens und reiner Seele sehen und begreifen, was anderen bisher verborgen blieb. Du wirst den anderen Menschen immer als deinen Nächsten erkennen.

Erkenne, wo es scheinbar nichts zu erkennen gibt, und blicke dorthin, wo niemand mehr etwas sieht. Sieh in das Dunkle, wenn alles nur noch erhellt ist, und erleuchte, wenn für alle das Licht zerbricht. Pflanze die Frucht deiner Liebe in das webende Meer des Lebens und der Wahrheit und finde dort, wo keiner mehr sucht. Darum suche da, wo niemand mehr etwas findet, denn nur der Narr versucht das Unmögliche, bis das Unmögliche möglich wird. Doch bekenne dich zu dem, der dich erschaffen hat, und verleugne weder dich noch ihn, wenn man dich braucht.

In der chemischen Hexenküche des menschlichen Geistes wird vieles verraten, verdorben und missbraucht. Die Wirklichkeit des Zukünftigen wird nicht erkannt und alles Negative ist in Raum und Zeit unfruchtbar und bodenlos. Wir sind in unserer Eigensucht fasziniert im *Alchimistentraum.*

7.6 Alchimistentraum

Alles Licht und jeder Schatten
senden eine Botschaft aus,
tränenreiche Lebensmatten
birgt die Zeit in ihrem Haus.

So sind das Leben und das Sterben
mehr als Freude, mehr als Qual –
stilles Leiden, heitere Liebe
bilden nur der Zeitenfall.

Alles kommt von einer Quelle,
die den Geist nach oben weist,
Zukunft tritt an ihre Stelle,
wenn die Kraft Liebe verheißt.

In unserem Bitten und Flehen
auf des irdisch festen Grund
wird der Lauf der Gezeiten gehen –
Melancholie vom Lebensbund.

Im Erkennen aller Wahrheit
zeugen wir von hohem Stand,
alle Lügen, alle Starrheit
flechten nie des Lebens Band.

Im Gedeih und im Verderben
wähnen viele Satans List,
bricht der hohle Sinn in Scherben,
zerfällt des Truges Alchimist.

Die große menschliche Weisheit ist der Ratschluss Gottes. Die Weisheit des Menschen wird sich nicht an der einseitigen Habgier und Ruhmsucht der Betroffenen verankern, sondern sie ist in der menschlichen Gleichung eine feste Konstante mit einigen Unbekannten. Die *Weisheit* Gottes ist tragend wie die *Säulen* des Erdballs.

7.7 Die sieben Säulen der Weisheit

Die sieben Säulen der Weisheit wurzeln aus dem Baum der Erkenntnis. Sie sind die tragenden Pfeiler unter dem Firmament Gottes.

Die erste Säule ist die Liebe. Sie trägt alle Freude und alle Last eines Menschen auf diesem Erdenball. Die Liebe wurzelt im Leben und das Leben wurzelt in der Liebe. Die Liebe ist die Kraft der Erkenntnis Gottes.

Die zweite Säule ist das Licht. Es dringt in die fernen Tiefen der Finsternis vor. Es ist der Leitstrahl der Liebe und der Hoffnung in Raum und Zeit.

Das Licht ist der Bote des Allmächtigen. Der Friede Gottes, der immer höher ist als jede Vernunft, ist die dritte Säule der Weisheit. Er ist richtungweisend im Lichterglanz des Herrn. Er birgt in sich den Glauben, das Licht und die Liebe.

Die vierte Säule ist die unvorstellbare Ewigkeit. Aber sie ist nur ein Bruchteil von Raum und Zeit in der Liebe des Schöpfers. Sie ist das Symbol für die göttliche Allmacht im Sein der Gestirne, des Himmels und der Erde.

Die fünfte Säule der Weisheit ist der Glaube. Die Religion ist die tragende Kraft einer Selbstfindung der Menschen. Durch diesen Glauben ist die Menschheit von jeder Last erlöst.

Die sechste Säule bildet die Hoffnung. Sie ist der Bote unseres Herzens und unserer Seele in einen noch dunklen, fernen Raum. Dieser Raum wird durch den Strahl des Lichtes erhellt und reflektiert im Widerschein der Zuversicht.

Die letzte Säule des Hauses der Weisheit und der Erkenntnis ist das Leben. Es ist die siebte Säule und sie ist die stützende Kraft im Spiegelbild von Liebe und Licht der Zeit.

Alle Säulen der Weisheit sind unter dem Dach der Herrlichkeit Gottes erwachsen und sie sind die gründende und stützende Kraft für die Menschheit. Wir wollen an dieser Stelle uns in die Quelle des Geistes versenken und in unserer Mitte verharren, einem Raum der Kraft, der Erlösung und des ewigen Heils.

7.8 Die Quelle des Geistes

So bist Du, Herr, mein Licht, mein Weg und meine Rettung. Du bist die Quelle meines Geistes und der Hüter meiner Seele. Dein Sein birgt die Wahrheit und Dein Leiden ist die Erlösung unserer Schuld. Deine Hand gereicht zum ewiglichen Bund und Dein Blut ist unser Leben.

So lass mich friedvoll und in gerechter Demut wandeln auf dem Weg, den Du mir bereitet hast. Lass mich aus der Nacht treten und führe mich zum Licht. Reiche mir die Kraft der Gnade und gib der Welt und mir den Schutz und die Geborgenheit, die zur weisen Erkenntnis Gottes führen.

8. Zeitzeichen des Kreuzes

8.1 Im Zeichen des Kreuzes

Glauben und Religion sind zwei menschlich sittliche Bedeutungen, die untrennbar miteinander verbunden sind. Glaube und Religion bilden in ihrem Ursprung ein Wechselspiel zwischen Zukunft und Vergangenheit im Spiegelbild der Gegenwart.

Das Wort „Reliquie“ kommt aus dem Lateinischen und bedeutet so viel wie Überrest, Überbleibsel. Die Religion hat daher an sich den Ursprung des Zurückerinnerns. Wenn wir zum Beispiel im christlichen Glauben uns an die Ursprünge unserer Religion zurückerinnern und uns in diesem „Erinnern“ Zeit nehmen, uns zu besinnen, dann werden wir die negative zeitliche Veränderung dieser Welt nachvollziehen können. Wir werden in unserem Glauben, gleich welcher Religion wir angehören, gewahr, welchem Strukturwandel unserer Gedanken-, Gefühls-, und Handlungswelt wir unterlagen. Wir erkennen und erfahren durch die menschlichen Irrtümer unserer Zeitgeschichte, wie weit wir uns vom christlichen Glauben entfernt haben.

Aber in der Besinnung der Vergangenheit und der Gegenwart sehen wir ebenso unsere hoffnungsvolle Zukunft. Diese Verheißung ist die Botschaft Gottes. Wenn wir bereit sind, das Wahrzeichen des Kreuzes zu erkennen und zu begreifen, dann werden wir den Sinngehalt des Kreuzes verstehen.

Es symbolisiert die Befreiung unserer Welt in vergangener, gegenwärtiger und zukünftiger Form. Das Kreuz ist die Errettung der Erde und die Vergebung der Sünde. Das bildliche Zeichen Gottes ist unsere Hoffnung und unser Glauben. Es beinhaltet die Erfüllung des Willens Gottes und die Erlösung der Menschheit durch Jesus Christus.

Viele Gedanken begleiten uns im Leben Tag für Tag. Auf der Suche nach Sinnerfüllung des Lebens sind wir am Morgen, am Mittag und am Abend des Daseins *unterwegs* zu Gott.

8.2 Unterwegs

So bitte ich Gott um seinen Segen – für uns und unsere Kinder. Um den Frieden und das Heil unseres Geistes und unserer Herzen. Unterwegs sein im Leben bedeutet: die Hinwendung und die Heimkehr zu Gott Vater. Wir wenden uns aus der Dunkelheit dem Licht zu, wenn wir in der Erleuchtung des Geistes Zeit und Raum überwinden und so der unendlichen Liebe und Gnade des Vaters begegnen. Das Leben ist in seinem Leiden die Prüfung unseres Geistes und der Seele.

Unterwegs sein heißt: im irdischen Leben eine warmherzige Suche in Gott beginnen und in einer ewiglichen Ankunft enden. So führen alle Wege und alles Leben hin zum Licht. So bete ich zu Gott Vater: „Lass alle mir anbefohlenen Menschen das Licht suchen und finden.“ Wenn ihr Geist erfüllt ist, werden sie quellen wie lebendiges Wasser, erblühen zum ewigen Leben und in der Vollkommenheit jede dunkle Nacht überwinden.

Unser Herz ist erfüllt mit dem Glauben Gottes und unser Geist enthüllt die *Worte der Andacht.*

8.3 Worte der Andacht

Herr, Du bist das Licht der Welt und der Wahrheit. Deine Liebe ist unser Glauben und Dein Leben ist unsere Zukunft. Deine Worte der Gnade und der Liebe bilden die festen Säulen Deines Hauses in mir. In ihm wohnt der Friede des Herzens, der höher ist als jede Gewalt.

Der Hafen der Erlösung trägt Deinen Namen und der grünende Lebensbaum Deiner Ewigkeit trägt unsere Hoffnung. Herr, Du bist der Anker und die Wurzel in meinem Leben. Du erfüllst unsere Herzen mit Freude und Trost.

So bitten wir Dich, lass Deine Liebe und Deine Gnade in unserem Glauben die Erkenntnis unseres Weges sein. Aber die Erkenntnis des Weges ist erst einmal der *Schlüssel zur Vergebung*.

8.4 Schlüssel der Vergebung

Geschunden und gequält stehen wir vor Dir, mein Gott. Zerrissen im Herzen und in der Seele. Gedemütigt und verbittert sind unsere Gedanken. Das Blut zerrinnt uns auf der Haut und wir sehen kein Licht, keinen Ausweg, kein Ziel.

Sie sind schuldig an uns geworden! Schuldig! Schuldig! Schuldig!

Der Schmerz zermartert uns das Hirn und die dunklen Gedanken haben bereits das Schwert der Rache geschmiedet. Unser Herz ist erfüllt vom Hass. Ohnmächtige Wut ergreift uns und blinder Zorn kommt über uns. Wohin mit all den Gefühlen? Wohin mit all dem Schmerz? Unsere Wunden sind offen und schreien uns entgegen und unser Gesicht zerfällt zu Stein. Um uns ist Nacht. Tiefe dunkle Nacht der Gedanken liegt in uns.

Hass, Zorn und Wut drohen, uns den Atem zu nehmen und uns zu spalten. So liegen wir in der tiefen Kluft der Verdammnis – fern von Dir.

Die Luft ist schwer und die Schuld der Schuldigen liegt uns auf der Brust. Unsere innere Stimme hat versagt und kein Gewissen mahnt zum Frieden. Wohin nur, Herr, wohin? Rache! Rache! Rache!

Doch der Herr spricht von Vergebung. Der Herr spricht von Liebe. Der Herr spricht von Gnade und Güte.

Alles ist uns nun so fern. Sie haben den Kindern die Väter genommen. Die Mütter wurden im Kugelhagel zerfetzt. Wohin nur, Herr, wohin? Himmlischer Vater, wir stehen in Leid und Schmerz der dunklen Gedanken vor Dir. Die Kluft zu unseren Feinden ist groß. Kein Steg kann sie überbrücken und kein Weg führt zum Frieden. Warum haben wir das Leid erfahren? Warum nur wir?

Am ersten Tage schuf Gott Vater das Licht und die Finsternis wich zurück. – Ihr tragt Finsternis in eurem Herzen und euer Glaube ist an eurem Schmerz zerbrochen. Die Liebe ist das Licht und der Schlüssel der Vergebung. So heilt die Liebe die tiefste Wunde in Raum und Zeit. Sie ist das Licht in der Dunkelheit, die Hand zur Vergebung und der helle Komet im dunklen All. Liebe ist auch das Vertrauen zu Gott, denn Gott ist ein gerechter und gnadenreicher Vater.

So richtet nicht – sie werden gerichtet! Im Schmerz wurde euer Glaube klein und kleiner und so hat der Schmerz euch erfasst und die Liebe in euch überwunden. Der Kern des Lichtes ist die Liebe. Sie ist der Baum, aus dem alles wächst, und die Blüte, die Frucht tragen wird.

Liebe, das ist das Salz in der Suppe des Lebens. Aber die Suppe, die eingebrockt wurde, muss auch ausgelöffelt werden. So gebt der Liebe in euch Zeit und Reife, denn ein liebender Mensch ist immer auch ein erkennender Mensch. Die Suppe der Verdammnis hat euch auf den Magen geschlagen und in eurem Leid und Schmerz ist es euch übel ergangen. Doch lieben heißt Geben und Nehmen – heißt überwinden und zurücklassen.

Lasst die Liebe Gottes euch durchwirken, sie ist der Neuanfang und die Brücke. Jede Stunde und jeden Tag. Tragt auf die blutende Hand des Zorns das Heil der Liebe und wickelt den erhobenen Arm der Rache in den liebenden Balsam.

Benetzt die Lippen eures Mundes mit dem Tau der Liebe, dann wird auch die größte Wut im Bauch vergehen. Legt auf die Augen des blinden Hasses die Welt der sehenden Liebe.

Gott ist Liebe – Liebe ist Gott. Lasst die Liebe Gottes wirken auf euch wie den Regen, der dem Acker Wasser schenkt und den Boden mit Frucht erfüllt, denn wir werden an denen gemessen, die uns schuldig geworden sind! Liebe, das ist der Wandel der Furcht in Ehrfurcht. Achtet und liebt einander und reicht die Hand zur Vergebung. Liebe, das ist der Schlüssel, der jede Tür öffnet.

Liebe, das ist die Brücke, die selbst die tiefste Schlucht überwindet. Bedenkt, euer Vater ist euer Glaube. Der Vater und euer Glaube sind Liebe. So ist die Liebe der Eingang und der Ausgang in eurem Leben.

So lasst den Frieden des Geistes den Schmerz des Herzens stillen. Seid gnädig und gütig in Herz und Gedanken. *Vergebt euren Feinden*!

8.5 Vergebt euren Feinden!

Wie kann ich bei all dem Leid, bei all der Schuld meinen Feinden vergeben?

Wir müssen davon ausgehen, dass andere Menschen sich uns und wir uns nicht andere Menschen bewusst zu Feinden machen. Es ist also ein Vorgang, der eine große Relevanz in unserem Unbewussten hat. Es werden aufgrund des einseitigen rationalen Denkens und einer hochsensiblen Emotion unseres Herzens in der gemeinschaftlichen Agitation der Beteiligten fiktive Feindbilder geschaffen.

Ein Feind wird nicht im äußeren Bild eines Menschen geboren, sondern im inneren, gedanklichen Rahmen. Dieser Grundsatz ist ganz wichtig, um später mit der Begleichung der Schuld umzugehen. Es stellt sich hier die Frage, wie kann ich Schuld aufarbeiten?

Sicherlich ist die Frage nach Schuld von Personen, Dingen oder Umständen immer eine Frage, die in die Sackgasse führt und nicht endgültig geklärt werden kann.

Es ist ja nicht so, dass wir mit der Schuld nicht generell fertig werden (meist bleibt zeitbedingt ein „komischer Nachgeschmack") oder dem aus der Schuld resultierenden eigenen Leiden, sondern wir werden mit dem Globalvorgang nicht fertig, da wir uns in emotionale Betroffenheit flüchten und im Irrgarten der Gefühle unsere eigene Widersprüchlichkeit nicht einordnen können. Hier sollte ein vernunftorientiertes Abwägen und Analysieren der Schuld erfolgen.

Jedoch vor Aufarbeitung von Schuld ist es notwendig, die Schuld nicht als Ganzes zu sehen, sondern die Schuld möglichst vernunftbegründet, objektiv in einzelnen Teilen zu betrachten. Wenn die Schuld einer anderen Person mir gegenüber besteht, wie kann ich dieser Person oder diesem Umstand vergeben oder verzeihen?

Erst einmal sind zwei Grundannahmen wichtig: Der andere Mensch handelt nur aus eigener gedanklichen Lebensinformation und aufgrund unseres Handelns und Sprechens. Schuld entsteht also nicht in der Verständigung von zwei Menschen, sondern in der mittelbaren Gegensätzlichkeit (Missverständnis) von Gedanken und Gefühlen.

Ist eine Diskrepanz vorhanden, dann entsteht ein gebundener, abhängiger, direkter Schuldkomplex zwischen den Beteiligten. Wenn der andere Mensch eine eigene, von uns gedankliche und gefühlsmäßige negativ empfundene Agitation besitzt, dann nehmen wir seine Reflexion auf und erkennen in ihm die Schuld. Das ist dann die mittelbare, indirekte Schuld.

Wir sollten an dieser Stelle begreifen, dass es primär die nach außen sichtbare Agitation ist, die unsere Einstellung der Person oder der Sache gegenüber wechselseitig beeinflusst. Schuld „bildet“ sich, wenn zum Beispiel zwei Menschen gegensätzlich von einer unterschiedlichen Gedanken- und Gefühlsebene agieren und nicht die Basis des Verständnisses, der Liebe und Toleranz gefunden haben. Das Verstehen muss aber auch für den anderen Menschen nachvollziehbar und durchsichtig gemacht werden.

Die Konfliktträchtigkeit unserer heutigen Zeit basiert daher auf einer „Elfenbeinturmstrategie“, die Polarisierung der Agitationsanteile und der Unempfindlichkeit und Gefühlskälte eines haut- und herznahen Verständnisses unter den Menschen. Würden wir für den anderen Menschen Verständnis haben, so würden wir uns Grundlagen schaffen, sein Handeln aufgrund unseres Verständnisses zu überbrücken. Würden wir die Schuld des anderen Menschen begleichen und die Schuld nicht in ihm sehen, sondern in den Umständen, die dazu geführt haben, würden wir uns eine vernünftige Basis schaffen, welche die anderen Menschen entlastet und einen unbelasteten Dialog ermöglicht.

Sicherlich können wir sagen, dass wir in der Schuldfrage subjektiv gefangen sind. Negative Restposten von differenzierten, eigenen Lebensanteilen (eigener Lebensweg, Vorurteile und unsere unbewusste Agitation) komplizieren die Bewältigung von Schuld enorm. So schafft jedes Stück Lebensweg in der Spiegelung zu uns und zu anderen eine latente Bildung von Schuld und natürlich nachfolgend der Sühne.

Wie aber können wir mit unserem Leiden umgehen? Unser Leiden ist ein Resultat aus bestehender Eigen- oder Fremdverschuldung. Ist das Leid für uns also ein abhängiger Zweig von der Schuldfrage? Subjektiv gesehen ja und objektiv gesehen nein. Wenn das Leid sich in der Schuld verzweigt, dann erreicht dieser globale Vorgang eine unbeschreibliche, fast nicht aufzuarbeitende Größenordnung.

Wir werden daher klug beraten sein, den Zweig des eigenen Leidens von dem Baum der Schuld zu schneiden und dem „Erleiden der Schuld“ den Lebenssaft der Verdammnis zu nehmen. Die Klärung von Schuld ist ebenso unmöglich wie die Klärung von Leid.

Bei einem körperlichen oder seelischen Leiden, das wir besitzen, müssen wir die Resonanz im eigenen Ich suchen. Hier ist die eigene oder fremde Spiegelung einen wiederkehrenden Weg gegangen. Es geht hier darum, subjektive Zusammenhänge aufzuarbeiten und zu verstehen, also nicht zu verdrängen. Aber dieses Verständnis kann nur Stückwerk sein und Stückwerk bleiben. Es wird nie die vollkommene Summe zur Klärung von Schuld und Leiden erreichen.

Wir müssen daher von den Naturgesetzen ausgehen, dass es zwischen den beiden Polen „Freude“ und „Leid“ eine ebenso akzeptable Palette gibt, welche die Facette des Lebens darstellt und ebenso aus der Mitte begründet.

Wie kann ich für mich Leid und Schmerz annehmen? Leid und Schmerz kann ich nur durch die Identifikation von gefühlsmäßigen Positiv- und Negativpolen annehmen. Nicht alle menschlichen Emotionen (zum Beispiel Zorn, Rache, Wut und Neid) sind dazu geeignet, mit Leid und Schmerz umzugehen. Es gibt also Emotionen, die menschlich verständlich sind, aber das Leid und den Schmerz fördern.

Ferner gibt es Emotionen, die Leid und Schmerz zum Teil oder ganz aufheben. Sicherlich kann man hier natürlich auch von der Sinnfrage von Leid und Schmerz ausgehen. Was hat es für einen Sinn, sie zu ertragen und was hat es für einen Sinn, sie im Leben hinzunehmen? Was ist dabei hilfreich, die schwere Last aufzuheben?

Ist es nicht so, dass durch Leid und Schmerz eine neue Lebensqualität geschaffen wird? Ist es nicht so, dass wir über die Qual zur gedanklichen Eigenhilfe angeleitet werden?

Leid und Schmerz ersparen uns nicht die Erkenntnis unseres Weges, sondern sie offenbaren in der Schicksalsannahme einen individuellen Lebenssinn. Daher sind Leid und Schmerz gestaltend und kreativ anzusehen.

Leid und Schmerz, Schuld und Sühne sind die ewigen Weggefährten unseres Lebens durch die Dunkelheit dieser Welt. Doch die Erfüllung der Finsternis mit Geist weisen uns die *zwölf Wege zum Licht*.

8.6 Die zwölf Wege zum Licht

Es herrscht große Finsternis auf Erden und die Menschen haben im Strom der Zeit ihre Sinne verloren. Die Toren der Welt sind mit Blindheit und Taubheit geschlagen. Der Wagen der Verdammnis rollt auf den Abgrund der Ewigkeit zu.

Aus der Nacht der Dunkelheit des Lebens führen zwölf goldene Wege zum Licht. Selbstgefällig betrachtet sich der Mensch im Spiegelbild der Egozentrik. Sein Widerschein überstrahlt den Nächsten und lässt auf ihn den Schatten der Bedeutungslosigkeit fallen. Erst wenn wir erkennen, dass der Weg aus dem Feuer der Selbstgefälligkeit über unseren Gleichmut und die Liebe führt, dann können wir aus unserer Einsamkeit entrinnen und der Nächste wird Gefallen an uns finden.

Die Habgier breitet die schwarzen Flügel über unsere Welt aus und erhebt die Reichen und Mächtigen zu Göttern. Sie drückt die Leiber der Armen und Kranken in den Staub. Wenn wir den steinigen Weg in das Licht der Wahrheit gehen wollen, so müssen wir unsere Herzen von der Besitzsucht befreien. Wir müssen Brot und Wasser, das uns von Gott gegeben wurde, teilen. Nur das rechte Maß des Teilens ist die Grundlage für den Frieden und den Bestand unseres Lebens.

Die Ruhmsucht, die aus dem falschen Egoismus entspringt, ist die Anerkennung der einseitigen Leistung. Sie hängt in ihrer materiellen Erwartung von der Habgier ab. Wenn wir uns auf Erden selbst emporheben, dann stürzen wir auch selbstgefällig in die Glut der Vergänglichkeit. Aber die Zeit der Bescheidenheit wird uns in Demut in das Licht führen.

Wir sind undankbar geworden bei den kleinen und großen Gaben dieser Welt. Unser Hochmut hat uns die Augen verschlossen und unsere Herzlosigkeit lässt uns taub werden für die Zuneigung und die Liebe. Dankbarkeit ist die Gabe der besonnenen Erkenntnis. In ihr liegt die offene, herzliche Annahme der Werte des Lebens. Der Dank ist das Spiegelbild eines geteilten Herzens in Freud und in Leid.

Der Mensch ist groß geworden, stark, mächtig und gottlos. Wir befinden uns in der lichtlosen Kammer unseres Herzens und verkümmern selbstgerecht in der Dämmerung unseres Geistes. Der Mensch erhebt sich zum Maßstab aller Dinge und tritt die Werte des Lebens mit Füßen. Gott ist in uns und um uns. Wenn wir das erkennen, sollten wir uns von den satanischen Torheiten der lästerlichen Welt lösen und uns auf den friedvollen Weg zu Hoffnung, Gnade und Güte begeben.

Die Herzen der Menschen sind im steinernen Meer der Egozentrik erkaltet. In unserer falschen Sitte und der doppelbödigen Moral haben wir uns selbstsüchtig für den Weg der Lieblosigkeit entschieden. Die Waagschale der Menschen ist unrein geworden. Sie ist vom Blut und dem Moder der Unschuldigen beschmutzt. Der rechte Weg ist aber der Weg der Erkenntnis in Reue und Buße. So wird das große Gewicht der Liebe, das Lot des Lebens, das Licht Gottes erreichen. Das ist der sechste Weg in das Licht.

Wir sind unversöhnlich geworden und führen auf dieser Welt lieber einen gerechten Krieg, als dass sich unsere Gedanken und Herzen einem ungerechten Frieden fügen. Da erhebt der Sohn gegen den Vater die Hand und die Tochter zerreißt das Band der Liebe zu ihrer Mutter.

Der Weg aus der Nacht ist der Weg des Erkennenden, Verständigen und Sanftmütigen. Ein Wort und eine Tat der Liebe heilen mehr Wunden als ein siegreiches Schwert, das vom Zorn der Rache geführt wird, Land erobert.

Die Lüge hat sich auf dieser Welt ein Haus gebaut und die Wahrheit hat sich in den vielen Zimmern der Lüge verirrt. Aber die Verleumder sollten bedenken, dass wenn sie die Lüge zur Moral erheben, sie nicht nur die anderen belügen, sondern auch sich selbst. Die Wahrheit finden sie nur im Licht, denn Gott ist das Licht.

Der Wurm der Finsternis ist aber das Zeichen der Verleumder und des Bösen. Die Heuchler suchen die dunklen Winkel und Spalten fremder Herzen. Es sind die Wölfe im Schafspelz, aber der Weg der Wahrheit und Klarheit findet die Zeit und wird den Heuchler demaskieren. Darum seid offen und ehrlich. Erhebt die Lüge nicht zur Wahrheit.

Dem Frevler ist nichts heilig. Kein Wert, kein Mensch, kein Gott. Sie sind die Besinnungslosen und Haltlosen dieser Welt. Doch die Gepeinigten und Unschuldigen unterliegen nicht ihrem Maß, sondern dem Maß der Ewigkeit. Die Lust und die Begierde sind die Zeichen des schwachen Fleisches. Darum rate ich zur Besinnung und Umkehr, denn der Geist des Menschen ist mehr als Fleisch und mehr als Lust. Der Rausch der Sinne ist immer ein Sturzbach des Geistes. Doch ehrliche Freude kommt aus dem Herzen so wie der Weg des Lichts aus einer immerwährenden Quelle.

Zu Zügellosigkeit und Zuchtlosigkeit folgende Worte: Der Respekt und die Würde eines Menschen bedürfen einer gewissen Ordnung. Ungestümheit und Wildheit sind die Eigenschaften der Narren und der Toren. Doch Gleichmut und Langmut bilden die Grundlage für die Vernunft der Weisen.

Der Kreis des Lichtes schließt sich und wird vollendet durch den zwölften und letzten Weg. Seid nicht ungnädig eurem Nächsten gegenüber und lasst die Liebe der Gnade in seinem Herzen gewähren. Erbarmt euch eurer Mitmenschen und seid gütig. Denn die Güte des Menschen ist ein Schlüssel allen Lebens. Alle zwölf Wege führen in das goldene Licht und in die Wahrheit.

Die Zahl Zwölf ist das Ursymbol für den Kreis. Darum verlasst die dunkle Dimension der Finsternis und bildet in euren Gedanken und euren Herzen den festen, unauflöslichen Ring der Hoffnung, der Liebe und der Freude als Zeichen der Verbundenheit mit eurem Schöpfer.

Die zwölf Wege des Geistes führen in das Licht Gottes.

Zweitausend Jahre nach dem Tod von Jesus Christus stehen wir an einem fiktiven Karfreitag fassungslos vor dem Kreuz Christi. Der Schatten des Kreuzes ist schon längst auf uns gefallen und doch sind wir die Narren am Kreuz.

9. Zeitzeichen der Zukunft

9.1 Die Narren am Kreuz

Es kam der Tag der Kreuzigung von Jesus Christus. Dieser Tag gehörte anscheinend den Widersachern des Königs der Juden. Kein König, kein Kaiser war für den Herrn und die Lanze des Todes der Ewigkeit wurde durch die Herrlichkeit Gottes gebrochen.

Als sie ihn kreuzigten, nahmen die Kriegsknechte seine Kleider an sich und machten daraus vier Teile. Die Naht, welche die vier Kleidungsstücke verband, wurde getrennt und zerrissen. Es wurde nicht nur das Kleidungsstück des Gekreuzigten zerrissen, sondern auch der Vorhang des Tempels in der Stadt. Kein Schnitt, kein Riss war tiefer als dieser. Der Unglaube und der Weltenfürst vollendeten ihr Werk. Damit war die Saat des Bösen gesät und kein Vogel erhob am Himmel der Gerechtigkeit die Stimme.

Die Narren am Kreuz begriffen nicht die Geschehnisse, denn ihre Gedanken waren voller Habgier und ihr Geist war das Tollhaus der Herzlosen. Die vier Teile dieser Welt wurden getrennt und aufgeteilt. Die vier Winde der Himmelsrichtungen bäumten sich auf und ließen in der Zeit der Gewalt Gottes ihren freien Lauf.

Der Rock aber von Jesus Christus war ungenäht und die Kriegsknechte losten um ihn. So besiegelten sie mit dem Los das Schicksal der Welt. Den Narren und Toren am Kreuz vergab unser Herr Jesus Christus, denn sie wussten nicht, was sie taten.

Das Kreuz symbolisiert nicht nur die Akzeptanz des Schicksals unseres Herrn, sondern auch die Annahme einer Fügung dieser Welt. In der Zeit des Weltenrichters waren somit nachfolgende Ereignisse der Zukunft entschieden. Untergang und Auferstehung werden die Licht- und Schattenseite dieser Welt sein. So waren der Riss der Kleidung, die Trennung von Gott und die Hinwendung zum Bösen.

Sind wir somit in alle Hoffnungslosigkeit gefallen? Gibt es kein Entrinnen aus dem Schicksal der Finsternis oder sind wir gar gottverlassene Verdammte der Ewigkeit?

Eine kleine Geschichte, die sich so oder etwas anders zwischen Sinai und dem Golan im gelobten Land zugetragen haben könnte, soll uns wieder Mut und Hoffnung geben. Die Geschichte vom *Boten des Lichtes*.

9.2 Der Bote des Lichtes

Es war vor sehr langer Zeit, als in einem Beduinenzelt zwischen dem Golan und dem Sinai, nahe dem See Genezareth gelegen, in einer sternklaren Nacht eine alte Frau auf ihrem Sterbebett lag. Das Beduinenzelt war geöffnet und sie konnte den sternenklaren Himmel Jerusalems sehen. Ihre Tochter war bei ihr und hielt ihre Hand. Die Alte sprach mit schwacher Stimme zu ihrer Tochter, was ihr ihre Mutter und deren Großmutter sowie die Vorfahren mit auf den Weg gegeben hatten.

Es werden der Tag und eine Nacht kommen, da kommt er, der Bote des Lebens und des Lichtes. Er hat all das Leiden unserer Welt getragen und reicht die Liebe mit seinen Händen weiter. „Meine Tochter, du wirst diese Nachricht deinen Kindern auf deinem Sterbebett verkünden.“ Er ist das Licht und die Wahrheit wird uns den Frieden bringen, den unsere Welt so sehr braucht. Der Bote ist ein Mann aus dem Hause Davids.

Die Tochter erschrak und wurde dann aber wieder ruhig. Sterbend versagte die Stimme der alten Frau und die Tochter konnte sie nicht mehr verstehen. Die tote Mutter lag in ihren Armen und der Himmel versank in der finsteren Nacht des Lebens.

Die Tochter beweinte mit den Perlen ihrer Seele den Tod der Mutter. Sie verbarg mit den Händen das schmerzverzerrte Gesicht und klagte gen Himmel. Aber die Nacht erstrahlte im Reich der Sterne.

Das Sternenzelt der Liebe tragen wir in unseren Händen und unseren Herzen.

Die Beduinenfrau gab die Botschaft weiter und es wurde Zeit und Raum für diese Welt gefunden.

So ist der Bote des Lichts auch der Stern der Wahrheit. Seine Fügung ist die Allmacht Gottes und die Allgegenwärtigkeit des Herrn.

9.3 Der Stern der Wahrheit

Er wird geboren in der Finsternis der Lüge und seine Bahn ist der Zyklus der Zeit. Der Stern der Wahrheit durchdringt Zeit und Raum. Der Weg offenbart ihm das Schicksal und die Fügung Gottes. Seine Gefährten sind gleich Kometen, mit dem Schweif der Verheißung.

Der Stern wird die Zeit der Welt mit der Liebe und der Gnade, dem Segen und der Güte Gottes bestrahlen. Der heilige Schein des Friedens, der Demut und des Glaubens wird zeitlos die Stufen der Welt erhellen. Das Gestirn ist die Flamme der Liebe. Das Licht des Allmächtigen. Die Flamme ist das Sterben und das Vergehen der Sünde im irdischen Raum und der Aufbruch der Ewigkeit. Es beginnt das Reich der Vollkommenheit in der Nacht der Sünde und des Widersachers. Das Band der Finsternis ist getrennt und das Schwert des Todes ist geschärft. Die stummen Schreie der Gequälten und Verdammten verhallen in der Vergangenheit.

Der Schatten des Kreuzes Christi wird durch den Stern der Wahrheit erhellt und die Balken zerfallen zu Staub. Das Wort der Wahrheit hat Bestand. Alle Schmerzen und alles Leiden der Welt sowie die Tränen der Seelen werden gelindert und getrocknet.

Kein Mensch wird ohne Trost und Liebe sein. Die Schuld geht den Weg der Reue und der Buße. Kein Gang ist ohne Ende. Der Blick ist Zukunft und enthüllt die Hoffnung der Gegenwart.

Das Licht ist das Lot der Waage der Unendlichkeit. Saat und Frucht der Erde werden gemessen und Spreu vom Korn getrennt.

Der Stern der Wahrheit wird Zeit und Raum mit Glanz erfüllen. Der Mensch wird die Dimensionen der Erkenntnis durchdringen, denn das Licht geht den Lauf des Schöpfers. Der Stern trägt in sich die Wärme des Lebens. Er ist der Sendbote von Gott, unserem Herrn. So werden wir in seinem Licht glauben, dass die Rettung durch Christi die Asche der Verdammnis ist.

Sieh zum Sternenzelt empor, denn der Stern der Wahrheit erhellt nicht nur die Nacht, sondern auch den Tag deines Herzens und deiner Seele. So wird die Nacht im Tag geboren und das Licht in der Dunkelheit.

In Zeit und Raum der Ewigkeit sind wir die Werkzeuge Gottes. So ist es nicht wichtig, wer wir sind, sondern es ist wichtig, dass wir sind. Wir sind Diener und Knecht eines Vaters, der Liebe und Gnade verheißt.

9.4 Diener und Knecht

Deine Gnade ist in meinem Herzen und Dein Wille ist das Reich – der Weg zu Dir. Die Öffnung meines Geistes ist Dein Werk. Alle Wunder wirken durch Dich. Lass uns den Strahl des Sterns der Wahrheit erkennen und beschütze Deine Welt. Gib ihr Frieden und Segen. Ich bin Dein Diener und Knecht.

Wir versenken unseren Geist und unser Herz in das Gebet und bitten um Fürsprache unseres Vaters.

9.5 Mein Vater

In Demut trete ich vor Dein leuchtendes Angesicht. Beladen mit der Sünde der Zeit. Ich will die Buße des Geistes und die Reue des Lebens tun.

Ich bin in Deinen Kreis getreten und Du hast mich in Deiner Barmherzigkeit aufgenommen. So wie ein Vater sein Kind aufnimmt und liebt. Du hast mir das Tor Deines Reiches geöffnet und den Weg des Lebens bereitet.

Mein Leiden ist der steinige Pfad über die Grenzen der Vergänglichkeit zu Dir. In Dir wohnt der Friede der Ewigkeit. Die Güte und die Herrlichkeit Deiner Allmacht. Meine Seele ist Gast in Deinem Haus. Hab Dank dafür! Du bist ein guter Vater, denn Du lässt mich nicht darben und frieren in der Dunkelheit des Lebens. Du gibst mir zu essen, wenn mein Geist sich nach Dir verzehrt und zu trinken, wenn mein Herz dürstet. Umsorgend und beschützend legst Du den Mantel des Lichtes um meinen Körper. So wärmst Du mir den Geist und die Seele. Hab Dank dafür!

So benetze ich mein Herz mit dem glänzenden Tau Deiner Morgenröte und wärme meine Glieder in der Sonne Deines Himmels. Alles Leid und alle Freude sind die Boten Deines Geistes. Liebend nehme ich sie an. Mein Leben ist die Erfüllung meines Geistes und die helle Freude frohlockt im Gleichklang meiner Sinne. Auch wenn mich die Finsternis umgibt, so will ich nicht murren und zaudern, denn Du bereitest mir das Leben Deines Willens. Hab Dank dafür!

Ich liebe Dich und lobe Dich von Herzen, denn keiner ist größer als Du. Ich bitte Dich, lass Deinen Geist und Deine Liebe den Segen für die Menschen sein. Dein Hort ist die Sehnsucht und die Erfüllung der Gläubigen.

Auch ich liebe die Menschen. Gib mir bitte die Kraft der Tugend des Herzens und lass mich den Schatten der Dunkelheit überwinden.

Die Tränen meiner Seele sollen die Gabe meines Herzens sein, denn ich bin Dein Knecht und Diener. Jetzt und allezeit. Lass es Tag und Abend werden und lass das Leben der Menschen zur Erfüllung Deines Geistes und der Herrlichkeit ihrer Herzen gedeihen.

Geschlagen und geschunden stehen wir vor Dir, o Gott. Wir haben uns in der Versuchung verlaufen und sind die *verirrten Schafe* der Zeit.

9.6 Die verirrten Schafe

Weltweit ist die Weide der verirrten Schafe. Im verhängnisvollen Gatter des Egoismus gefangen, irren sie umher. Die Herde ist in einem kläglichen und erbärmlichen Zustand. Aus den Augen der Angst sehen mich die Schafe an. Der Sturm des Lebens ist über sie hinweggefegt und in der Kälte der Nacht sind sie heimatlos.

Sie haben den guten Hirten verlassen und wurden versucht. Hungernd, frierend und dürstend irren sie auf der großen Weide umher. Sie sind krank im Herzen, im Geist und in der Seele. Ihre Leiber sind geschändet und der Weg in die Freiheit und den Frieden des Lebens ist ihnen verbaut. Sie hinken unter der schweren Last des Tages und der Nacht über den Weideplatz. Kein Halm der Hoffnung wirkt ihnen entgegen und keine Quelle der Zuversicht öffnet sich ihnen. Die nackte Angst um ihre Existenz treibt sie in dem aberwitzigen Kreislauf dieser Welt. Blutunterlaufen sind ihre Augen und die Wolle ist von Streit und Zwietracht rot gefärbt. So haben sie die einstmals grüne Weide der Hoffnung, der Liebe und des Glaubens verlassen und darben in der Einsamkeit ihres Lebens.

Keine Mutter klagt mehr um ihr Lamm, wenn es der Schlächter zur Schlachtbank führt, und kein Vater bietet auf dieser öden Weide des Herzens und der Seele mehr Schutz und Geborgenheit dem Kind. Verdorrt und geschunden finde ich die Schafe vor.

Die Schafe sind gebrochen und verlassen. Sie sind im Feuer der Verdammnis verglüht. Nicht Mitleid, sondern uneigennützige Hilfe tut Not. Sind die Schafe verloren oder verirrt? Wer war ihr Herr, der diese Herde hat so verkommen lassen? Wen haben sie sich zum Herren gemacht und welchem Herren haben sie gedient?

Der Weideplatz dieser Schafe ist in ihrer Gottferne zu suchen. Ist dieser Platz nur bei uns oder ist er überall auf dieser Welt zu finden? Wo werden sie Frieden finden? Die frohe Botschaft ist, dass sie nicht verloren sind. Die Schafe wurden mit Blindheit der Eigensucht geschlagen und kein Mensch wird sich ihrer erbarmen.

Die grünenden Auen der Unendlichkeit Gottes haben die Schafe verlassen und sie werden auf dem Altar des Verhängnisvollen Opfer ihrer selbst. Der Ort, an dem sie verweilen, heißt Hoffnung. Die Zeit, die kommt, verheißt Frieden und der Herr, dem sie dienen sollen, birgt alle Liebe und Gnade in sich. Der Weg, den diese Schafe aus ihrer eigenen Verdammnis gehen müssen, ist weit. Er wird gekennzeichnet sein von Last und Leiden, Schuld und Sühne, Reue und Buße, Finsternis und Licht. Wenn nicht der Stern der Wahrheit, der das Licht Gottes birgt, ihr Leitstrahl ist, dann werden sie in der Verdammnis zugrundegehen. Das Labyrinth der Fügung ist vielfältig.

An welchem Punkt dieser Welt begann für uns Verblendete der Weg in die Verdammnis. Ein Leben kann man nur vorwärts leben – aber wir können es nur rückwärts verstehen. So erkennen wir im Geiste des Lichtes *das Universum der Kreuzigung*.

9.7 Das Universum der Kreuzigung

Die letzten Tage im Leben von Jesus von Nazareth, das Abendmahl, die Verurteilung und die Kreuzigung sowie die Auferstehung von den Toten und die Himmelfahrt haben innerhalb der Persönlichkeit Jesus ein eigenes, in sich abgeschlossenes Bild. Dieses Bild ist die Grundlage für die, bis heute schwer nachvollziehbaren, Gesetze eines geistigen Universums.

In der Handlung, dem Trinken des Schirlingsbechers, drückt sich die Akzeptanz Jesus seinem Schicksal gegenüber aus. Ab diesem Zeitpunkt wird der transzendale Akt dargestellt, der den geistigen und körperlichen Mittelpunkt im Leben und Sterben Jesus erreicht. Durch die Todesahnung und die Hinwendung zum irdischen Vergehen wird sein Weg durch die Verherrlichung Gottes geleitet.

So war der Tag der Kreuzigung in seiner Gegenwärtigkeit ein Bestandteil der Zeit, die im strömenden Zeitfluss der Ewigkeit die Vergangenheit und die Zukunft in sich vereinte. Die Kreuzigung war die Reflexion menschlicher Schuld und der Ausgleich unseres gefühlsnegativen Unverstandes und Unglaubens der Welt.

Das menschliche Geschehen am Tag der Kreuzigung wurde nur mittelbar in diesem Dualismus und dem Wechselspiel zwischen Gott Vater und seinem Sohn eingebracht.

Die von Gott gegebenen natürlichen Ereignisse von der Finsternis am Himmel (Symbol für das Wandeln der Menschheit in Dunkelheit) und der Zartheit des Lichtes am Tag der Auferstehung (Erneuerung) runden die Wurzel, aus der die potenzierte Summe der Handlung besteht, noch vollends ab.

Jesus von Nazareth ist der personifizierte Wille Gottes. Abgesehen von einer geistigen Einheit mit Gott Vater sollten wir auch berücksichtigen, dass das Opferlamm Jesus – in einem globalen Akt der Befreiung der Menschen und dem Überwinden des Bösen – das präsente Zentrum der geistigen Wandlung war. Gott Vater hat Jesus den Weg bereitet und ihm durch das Leiden in einer geistigen Relation zwischen Himmel und Erde die Göttlichkeit zugewiesen und ihn als Symbol der göttlichen Allmacht erhöht.

Die Kreuzigung stellt daher nur eine scheinbare Willkür der Machtpotenz seiner Widersacher dar. Die Kreuzigung ist die Vergebung der Sünden der Menschen. Sie hat das Tor des Lebens, das sich zwischen Himmel und Erde befand, geöffnet und hat die Schluchten und Klüfte der Finsternis durch das Licht der Liebe überbrückt. Das Geschehen am Berg Golgatha mit dem Kreuzeshügel und der Einbettung des Kreuzes Jesus (Reinheit des

Menschen und Verdammnis des Bösen) stellt eine verstandesgemäße Synthese zum Lebenswerk Christi dar. Das in der Kreuzigung erfahrene Leiden ist der Ausdruck einer Globalstruktur mit dem Zentrum der Erlösung und der Überwindung des Todes. So öffnete sich im Augenblick des Todes eine neue Welt und der Regenbogen der Zeit verkündete den Frieden und die Weisheit Gottes.

Es bestand in der Symbolik des Kreuzes und dem Dialog zwischen Gott Sohn und Gott Vater eine vom erst bestehenden Dualismus der Beteiligten geistige Verschmelzung der dimensionalen Einzelwesen.

Für unser heutiges religiöses Leben ist im Kreuzigungsakt die Trigonometrie zwischen Gott Vater, Jesus Christus und der Menschheit sichtbar.

In diesem magnetischen Kraftfeld Gottes sind die Wandlung des Leidensaktes Jesus und der Liebesakt Gottes in der Erlösung der Menschheit nachvollziehbar. Die Verschmelzung der in der Trigonometrie enthaltenen Pole können wir bei sensibler Beobachtung der letzten Geschehnisse am Kreuz nachempfinden.

Das scheinbare irdische Machtende durch Jesus Christus wurde durch seine Berufung zum Vater auf eine andere geistige, dimensionale Ebene verlagert. Hier ergibt sich der universelle Kreislauf eines göttlichen Werdens und Vergehens, der dem Kreuzigungsakt eine weltliche Ende- und Anfangsfunktion zuschreibt.

Die nachfolgenden Geschehnisse der Auferstehung und der Himmelfahrt sowie der Erfüllung der Schrift haben eine ergänzende geistige Potenz und runden die universellen Geschehnisse im Ganzheitsakt ab.

So ist der Kreuzigungsakt daher als Wechselspiel der Kraftpole anzusehen. Menschliche Willkür, christliches Leiden und die Liebe und Gnade Gottes sind in ihm gegenwärtig und bilden im gelösten Magnetismus die Grundlage der Abkehr der geistigen Summe von Schuld und Sühne, Leid und Erlösung sowie Liebe und Hass. Das Leid Christi wird durch die göttliche Kraft in der Waagschale der Ewigkeit und Gerechtigkeit durch die Liebe Gottes eingelöst.

Wenn wir heute in der Nachfolge Christi im Schatten des Kreuzes in Golgatha stehen, erkennen wir, dass die Kreuzigung unseres Herrn eine eindeutige Botschaft hat. Jesus Christus hat als Bindeglied und Mittler zwischen den Welten in der Überwindung des Bösen und Schaffung einer wirksamen, göttlichen Aura den Willen seines Vaters erfüllt. In unserer scheinbaren Fassungslosigkeit der Geschehnisse wird, im Leidensweg Jesus Christus, die Gnade und Liebe Gottes in unsere Herzen und Seelen transferiert.

So hat Jesus Christus den Tod überwunden und stellt in der erhöhten, unergründlichen Loslösung des irdischen Denkens und Fühlens die Liebe zu Gott dar.

Das Kreuz erfüllt nun nicht mehr das Zwischenspiel des Kosmos, aber der Sinn des Kreuzes hat Bestand in der Welt des Geistes. Das Mahn- und Schandzeichen dieser Welt zerfällt zu Staub und Erde.

Es war Bindeglied zwischen Himmel und Erde. Das Kreuz war das Triumphzeichen Christi in seiner Todesüberwindung. Das Zeichen wurde vergänglich und es wurde abgelöst durch die Errichtung des Reichs Gottes. Es war ein Provisorium und der erste Anker des Himmels aus Liebe, Hoffnung und Gnade Gottes auf Erden. Schuld und Sühne, Vergebung und Erlösung wurden im Zeichen des Kreuzes offenbar.

Stehen wir hier und heute am Ende des Universums oder öffnet sich ein Weg des Geistes in das Reich Gottes? Der Weg ist Wandel – der Wandel aber der Weg. Im Zyklus der Zeit werden wir zu Zeitzeugen eines Szenarios zwischen Licht und Finsternis. Wir werden Zeugen der *drei Tage Gottes*.

9.8 Die drei Tage Gottes

Am Morgen des ersten Tages rüsteten die Menschen in ihren Gedanken und ihren Herzen zum Kampf gegeneinander. Wie Kain Abel erschlug, so erschlug nun Bruder den Bruder, denn die Macht Satans war groß. Die Welt war reichlich von Blut und Leichen der Unschuld und der Rache bedeckt und das Kriegsgeschrei erreichte die Gipfel der Berge und die Gründe der Schluchten. Das Meer färbte sich rot und die Quellen des Wassers waren vergiftet. Der Wahn der Besinnungs- und Haltlosen tobte in der Welt. Kaum ein Weg aus diesem Inferno war noch frei und selten noch war ein Haus sicher. Die Gläubigen suchten Zuflucht bei Gott und fanden ihn überall. Der Frieden der Welt war aus den Angeln gehoben und die Tür der Zukunft fiel schwer in ihr Schloss.

Blutrot ging die Sonne am Abend des ersten Tages unter und wechselte mit dem vollen Mond. Die Wunden der Verletzten wurden gepflegt und den vielen Toten gab man an diesem Tag des Grauens „den letzten Frieden“. Die Nacht aber war sternenklar und die Herrlichkeit der Gnade und der Liebe Gottes überstrahlte die Erde und erreichte um Mitternacht ihren Höhepunkt.

Bei den Heiden und Abtrünnigen kam somit die Stunde der Besinnung, denn der Engelsführer Gottes war auf dieser Welt. Einige kehrten von ihrem schlechten Weg ab, andere begaben sich erneut im Blutrausch in die Gefolgschaft Satans, dem Widersacher Gottes.

In einer zweiten und dritten Angriffswelle des Widersachers kamen den Bekehrten und Gläubigen die himmlischen Heerscharen zu Hilfe und bahnten mit dem Schwert der Gerechtigkeit einen Weg zu den versiegelten Menschen. Gott verlieh ihnen die Macht der Stärke durch den Glauben und die Liebe. Um die Mittagszeit des zweiten Tages war die Macht Gottes so groß, dass die Schergen Satans zerschlagen wurden.

Gott löste den teuflischen Pakt mit den Menschen und die Sonne ging im Rausch der Zeit unter. Es war der Tag der Finsternis und der Stunden des Unheils. Kein Vogel sah die Sonne und das Lied der Nachtigall erstarb in der Kälte.

Am Abend in der siebten Stunde des zweiten Tages gelang es den himmlischen Heerscharen, den teuflischen Wurm zu fangen und ihn zu überantworten. Zur Ehre Gottes strömten die Bekehrten und Versiegelten in die Welt und stimmten in das Gebet des Friedens und des Lichtes ein. Gott sah ihre Reue und Buße und die Nacht hüllte schweigend ihren Mantel über die Welt und bedeckte damit ihre Wunden. Die Macht des Bösen war gebrochen und das Heil und der Segen Gottes nahmen seinen Lauf.

Der dritte Tag war der Herrlichkeit Gottes gewidmet. So entstand ein neuer Tag und ein neuer Morgen und eine neue Welt. Die Finsternis wich dem immerwährenden Licht und die Wunder Gottes wurden wirksam.

Sind die drei Tage Gottes eine Vision unglaublicher Gewalt und Schreckens oder werden sie nicht zur potenzierten Summe all unseres Schaffens und Wirkens? Hier wird alles Verdeckte offenbar. Gott ist die Konstante in unserem Leben, doch wir sind die variablen Geschöpfe des Geistes der Zeit.

Hilflos schreit uns die Natur entgegen und in dieser harten Zeit wäre es ein Wunder, wenn *Steine sprechen könnten*.

9.9 Wenn Steine sprechen könnten

Wenn Steine sprechen könnten, würden sie dir erzählen vom Gang dieser Welt. Vom Schmerz und den Wunden, die der Zeit und der Mutter Erde geschlagen wurden. Vom hellen Licht der Zukunft und dem Schatten der Vergangenheit.

Vom Wasser, das sie formte und glättete, und vom Wind, dem sie standhielten und der sie umschmeichelte. Sie würden erzählen vom Zeitwerk der Welt und dem zerriebenen Stein, der im Stundenglas des Schicksals und der Ewigkeit zerrinnt. Sie würden erzählen von Bergen und Höhen, der Natur und ihren Freunden, den Pflanzen, Tieren und dem weiten, großen Meer Gottes.

Aber der Mensch baut sein Haus und sein Schloss aus Stein. Er stillt seine Habsucht und seine Prunksucht und er weiß letztendlich nicht, dass er auf Sand gebaut hat.

Der Stein erzählt aber auch von seinem Schöpfer, der ihn in der Nacht der Finsternis erschuf, und von der Liebe Gottes am Abend der Zeit. Doch der Mensch tränkte die Erde mit Blut und der Stein war Zeuge des letzten Friedens. Er erzählt vom Krieg der Menschen und den zerflossenen Tränen der Mütter. Von den zerfetzten Leibern und der Gleichgültigkeit der Menschen. Kein Stein blieb in der Stunde der Wahrheit mehr auf dem anderen und die himmlischen Posaunen bliesen gen Jericho wie gen Sodom und Gomorrha.

Der Stein beugt sich vor seinem Herrn und nimmt sein Schicksal an. Er wird zerklüftet, er wird weich und bricht. Doch das weiche Herz der Menschen ist hart geworden und versteinert. Wenn zwei Herzen aus Stein sich reiben, zerfließen sie zu Staub und zerfallen am Ende der Zeit. Der Stein ist das Maß der Gerechtigkeit und Beständigkeit.

Wenn Steine miteinander reden könnten, so würden sie dir erzählen vom gestrigen Tage, vom Wert der Steine in der Zeit und der Vergänglichkeit, der Egozentrik des Menschen. Die Glut des Feuers kann den harten Stein nicht zerstören, aber die weichen Wellen des wilden Wassers lösen ihn und spülen ihn dem Meer der Ewigkeit zu. Wenn der letzte Stein zerrieben ist und die Flüsse und Meere versandet sind, wird das Leben an seiner Schlagader nicht mehr pulsieren. Der Wind spielt dann mit der Mutter Erde den Totentanz. Die Welt ist öde und leer. Kein Stein kann den letzten Menschen mehr bedecken.

Die Steine der Welt mahnen die *gebrannten Kinder* zur Wachsamkeit – denn der Strom der Zeit zerklüftet und zermalmt.

9.10 Gebrannte Kinder

Es kam der Morgen im Leben des Menschen, seine Geburt. Die Gabe Gottes für den Menschen war seine Liebe, sein Trost und der Glaube. Dieses Päckchen des Glücks war der Reichtum, den Gott ihm auf seinen Lebensweg mitgab.

Einige Menschen versuchten, dieses Kapital im Lauf ihres Lebens im Sinne Gottes zu mehren. Sie hatten reiche Ernte an Freude und Zuversicht. So war es das Korn der Weisheit, das dieser Saat das Leben schenkte. Andere Menschen aber waren Toren und Narren und lebten in Überschwang und Überfluss. Die Armen im Geist lebten aus der Substanz ihres Kapitals, bis sie trotz irdischen Reichtums mit leeren Händen und Herzen dastanden.

Am Tag der Besinnung zeigten einige Menschen wahre Reue und tiefe Buße, denn die Sünde war unter ihnen gewesen und hatte in ihrem Herzen ein Kainsmal hinterlassen. Somit waren sie die gezeichneten und gebrannten Kinder unserer Mutter Erde. Die Arbeit des Tages war schwer und die Last, die auf ihnen lag, war hart. Doch die Reihe der Menschen wollte bis in das letzte Glied nicht abreißen. Die gebrannten Kinder Gottes waren die Letzten im Glied seit Stammvater Moses. Gott ist aber ein Gott der Wahrheit und der Liebe, der Gnade und der Güte.

So entlohnte Gott jeden Gerechten, Sanftmütigen, Hilflosen, Trostlosen und Verlorenen aus der Waagschale des Maßes der Ewigkeit. Es wurden die Schafe von den Böcken getrennt, so wie ein Bauer am Tag der Ernte die Spreu vom Weizen trennt. Die gute Ernte war für den Bauern des Lebens die Saat seiner Gabe.

Es ist der Kreislauf des Menschen in der Zeit Gottes, der ihn auf den rechten Weg führen soll. Es ist nicht der Zeitpunkt der Umkehr im Werk Gottes, sondern der Tag der Besinnung auf die Gaben Gottes gewichtig. Für die Menschen, die ihre Schuld in ihrem Spiegelbild erkannten, waren die Reue und die Buße die Gefährten auf dem Weg zu Gott.

Die Tränen der Beladenen und der Unschuldigen tränkten ihre Seele und am Abend ihres Lebens führte sie der Weg nach der Nacht wieder in den Morgen in das Licht der Herrlichkeit Gottes.

Alles kommt vom Vater. Wenn wir eingesenkt in unserem Glauben sind, wird das *reine Herz* in uns schlagen.

9.11 Das reine Herz

Das Herz ist der Acker des Lebens. Euer Herz ist Eingang und Ausgang zugleich. Euch ist euer Herz und euch ist es doch nicht. Das Herz ist Diener und Knecht. Diener und Knecht dessen, der es für euch schlagen lässt. Das Blut des Herzens ist der Lauf eurer Lebenszeit. Wem ihr euer Herz verschreibt, ist das ist euer Wille und die Fügung. Ein Herz, das von bösen Gedanken getragen wird, wird auch die Dornen des Bösen tragen. Aber ein Herz, das von der Wurzel des Lebensbaumes erfüllt worden ist, wird die ewige Quelle allen Lebens sein.

Nur das reine Herz ist auch ein sehendes und hörendes Herz. Die Heimat des reinen Herzens ist die Heimat des Lichtes. Das Herz ist ein warmes, verständiges und barmherziges Herz, denn der, welcher mit dem Herzen sieht, ist ein erkennender Mensch. Der Mensch, der mit dem Herzen hört, ist ein verstehender Mensch. So kommen alle Worte und alle Handlungen aus dem Reich unseres Herzens. Alle Worte und alle Handlungen fallen auch dorthin zurück.

Unser Herz ist unser Spiegel. Unser Herz ist entweder Licht oder Finsternis, Offenbarung oder Verdammnis.

Bei aller Not und aller Plage brecht ihr nicht mit eurem Herzen, sondern das Herz bricht mit euch. Die Herzenssache ist Angelegenheit und Tat zugleich. So wird ein frohes Herz frohe Kunde bringen und ein betrübtes Herz den Schatten der Traurigkeit werfen. Aber bedenkt, alles ist euch in das Herz gelegt, das Gute wie das Böse.

Aber Gott wirkt durch seinen Geist in euren Herzen und in euren Gedanken. Gottes Kraft ist der Samen für euer Herz. So wird ein geöffnetes, weites Herz die Güte und Gnade Gottes empfangen und ein geschlossenes, enges Herz nur für sich selbst schlagen.

Zeit und Raum sind eurem Herzen gegeben. Doch Zeit und Raum werden vergehen und dann werden entweder die Dornen oder die Frucht die Ernte eures Herzens sein.

Tief verwundet, klafft die Wunde des Egoismus im menschlichen Herzen. Zerfleischt und zerrissen durch die *Spirale des Teufels*.

10. Zeitzeichen Gottes

10.1 Die Teufelsspirale

Der Scheideweg der Menschheit muss daher ein gangbarer, akzeptabler Weg in eine Zukunft sein, die nach dem Durchwirken der nächsten Evolutionsstufe zumindest den Hoffnungsschimmer am Horizont aufweist. Nur wenn das die Menschen erkennen, wird die Völkerwanderung des Herzens und der Vernunft einsetzen. Der Mensch wurde versucht und ist der Versuchung erlegen. Der Mensch ist gestiegen und der Mensch wird fallen.

Im Brennpunkt der Egozentrik hat der Mensch zentrisch gewirkt. So hat sich eine eskalierende Spirale der Selbstsucht ergeben. Die Eskalation war Zeit und Raum unterlegen. Daher ist heute Fühlen, Denken und Handeln überlebensnotwendig. Wir haben uns am teuflischen Feuer der Egozentrik gottlos entzünden lassen und verbrennen im eigenen Egoismus. Wo kein Mensch mehr gibt und alle nur nehmen, entsteht ein großes Defizit. Ein großes, dunkles Loch, gleich der Finsternis in unseren Herzen.

Die Egozentrik hält an ihrem Mittelpunkt fest, magisch und satanisch. Was wendet die Not? Erst wenn der Mensch sich aus der Dunkelheit seines Herzens löst, erst wenn die Seele das Licht Gottes sieht und erst wenn der Geist Fügung und Schicksal erkennt, wird sich der Mensch in seinem Loslassen finden, was er bedarf und sucht. Dieses Loslassen ist die Erlösung schlechthin.

Die satanische Spirale wurde an einem Punkt der Welt entzündet und das Höllenfeuer der Verdammnis hat Zeit und Raum ergriffen.

Der Strudel der Egozentrik hat sich tief in die Menschen eingegraben und in ihrer Selbstsucht sind sie taub und blind für das Licht Gottes geworden.

Das Schlechte hat das Schlechte erhalten und das Gute wird das Gute erhalten. Um einen Wandel zu vollziehen, muss also das Böse mit Gutem erfüllt werden.

Nur in einer religiösen, freigeistlichen Haltung, wenn wir also Gott und nicht uns als Mittelpunkt sehen, wird der Mensch Geist und Erkenntnis erringen. Er ist dem positiven Magnetfeld Gottes ausgesetzt und wird das Spektrum des Lichtes sehen. In diesem Zeitalter wird der Geist des Menschen von der Materie beherrscht. So kann der Mensch den Geist nicht ergründen.

Es wird noch ein weiter, langer und beschwerlicher Weg in der Evolution des Menschen – hin zum Licht – werden. Nur, wenn wir jetzt uneigennützig den Samen für eine hoffnungsvolle und friedfertige Zukunft säen, können die weit nach uns folgenden Generationen reiche Ernte der Erkenntnis heimführen. Der Geist der Spirale aber ist Destruktion. Er ist Knechtschaft des Bösen und materielle Versklavung. Er ist die Versuchung unseres Gewissens und unserer Seele. Die Teufelsspirale steht herrschend und bedrohlich im Zeitgeist der Menschen. Der Mensch wurde versucht und wird fallen. Das Feuer der Offenbarung wird ihn reinigen, aber nicht verbrennen.

Kein Weg ist so weit, dass er nicht beschritten werden und kein Gott ist so fern, dass er nicht sehen und hören könnte.

Nicht Gott ist uns fern, sondern wir haben uns *entfernt von Gott.*

10.2 Gottferne

Umhüllt von aller Dunkelheit
ist nur die öde Leere,
verloren in der Einsamkeit
des Herzens tiefe Schwere.

Du bist so nah und doch so weit,
mein Herz zerbricht am Geist,
ein Schatten der Endlichkeit –
der Gottferne heißt.

Die Hand reichst Du zum Bund
in Liebe und in Leid,
doch auf der Seele Grund,
herrscht Nacht und Bitterkeit.

Wie kann ich Dich erreichen,
wie wird es je geschehen?
Mein Herz wirst Du erweichen,
denn Liebe darf nie gehen.

Dein Licht weist mir den Weg
in Deiner großen Welt,
das Herz hat Zeit und Steg
unter Deinem Himmelszelt.

So bist Du immer da
in Liebe, Gnade, Güte,
jetzt bin ich Dir ganz nah –
ein Segen, den ich hüte.

Gottferne ist ein Zustand mit Endlichkeit. So hat auch die Gottferne im Menschen ihren tiefen, bedeutsamen Sinn. Wenn wir das erkennen, dann werden wir nicht den Weg beschreiten durch das *Tor zur Hölle*.

10.3 Das Tor zur Hölle

Die Verblendung auf dieser Erde ist groß. In den Niederungen der Welt öffnet sich weit das abgründige Tor zur Hölle. Umspannt vom Bogen der Verdammnis loderte grell und feuerrot die Glut der Vergänglichkeit.

Breit und bequem ist der Weg, der in die Hölle führt. Er ist einladend durch seinen Lug und seinen Trug. Das Blau des Himmels ist hier vergangen und kein Leben ist gegründet. Kein Vogel singt ein letztes Lied. Nur die Schreie der gequälten Seelen verhallen im Raum. Die Asche der Sterblichkeit bedeckt den fruchtlosen Boden.

Teuflischer Spott und satanische Freude sind die Ernte eines verruchten Lebens. Fern sind Glaube und Hoffnung. Die Liebe hat das Tor zur Hölle nie gesehen. Ist das Tor zur Hölle nur eine Vision unseres gequälten Unterbewusstseins oder sind wir von einem zerstörerischen Geist getragen, der die Verdammnis verrät? Aber die Hölle ist auf Erden existent – jetzt, hier und heute.

Der Tempel Gottes liegt mit seinem Licht in uns, aber auch der abgrundtiefe Schatten der Hölle. Der Himmel ist die enge, schmale Pforte aller Gnade und Güte Gottes. So wandeln wir auf dem steinigen, dornenreichen Pfad auf dem Grat der Erlösung zwischen Gewissen und ewiger Verdammnis hin zum Vater.

Dieser Weg führt uns weit über das *Reich der Hölle* in die Ewigkeit Gottes. Der Weg ist der Glaube. Er ist der Glaube an das Licht und die Liebe, an das Erbarmen und die Erlösung, an die Hoffnung und das ewige Heil.

Wir sind die Weltenwanderer zwischen Licht und Schatten, seelenhafter Geborgenheit und satanischer Hoffnungslosigkeit. Doch wer sein Leben gewinnen will, der wird es verlieren, und wer sein Leben verliert, der wird es gewinnen.

Der Teufel aber ist auf unserem Weg in die Hölle der lachende Vagabund und wenn wir in diesen Nächten der Finsternis nicht den Heilstern Gottes erkennen, so endet der Strom der steinernen Herzen auf dem Grund aller Sterblichkeit.

10.4 Das Reich der Hölle

Weit geöffnet ist der Schlund,
feuerrot und blutbefleckt,
nur die Asche ist der Grund,
die nach der Verdammnis schmeckt.

Kein Entrinnen, kein Entkommen,
Seelenqual und arge Pein,
alle Lust der Welt hat Wonnen,
durchziehen Mark und Gebein.

Glutheiß ist der Aderlass,
gnadenlos mit tiefer Schuld,
alle Sünde kennt kein Maß
und der Teufel hat die Huld.

Gier und Macht sind alle Grenzen,
in dem Reich, das Hölle heißt,
Spiegelbild ist des Lebens Glänzen,
eine Welt, die Tod verheißt.

Frevelnd ist das Herz gegangen,
durch die große, weite Welt –
niemals Buße, Reue, Bangen
hat dem Herz den Weg verstellt.

Frönend, heuchelnd war der Wandel
in der Hölle tiefem Schlund,
schicksalhaft ist dieser Handel,
blutrot ist des Teufels Bund.

Himmel und Hölle sind nicht zwei Orte, die fern von unserer Welt weilen, sondern sie sind die Konsequenz unseres täglichen Fühlens und Handelns in Liebe und Leid, Hochmut und Demut, Güte und Zorn. So ist das Reich Gottes uns näher als unser Hemd. Es liegt in unserem *Tempel Gottes*.

10.5 Der Tempel Gottes

So seid ihr beladen mit der Schuld der Vergangenheit, der Gegenwart und der Zukunft und doch seid ihr die Kinder Gottes. Ihr seid die letzten Verlorenen vor dem Paradies. Wenn wir erkennen, dass alles Vergängliche, alles Gegenwärtige und alles Zukünftige in uns liegt, so sollten wir auch sehen, dass das Dreiecksgefüge aus Herz, Geist und Seele die Resonanz Gottes ist. Der gute Keim des Lebens liegt in jedem Menschen. Wendet das Innen nach außen und tragt die Hoffnung nach innen. Wir waren erlöst und sind verfallen. Doch wir Verfallenen werden erlöst.

Wir Menschen tragen zwar die körperliche Auflösung in uns, aber in uns entsteht auf der erhöhten Stufe der Weisheit und Erkenntnis der Tempel Gottes. Wir sind herausgetreten aus dem Licht der vollkommenen Schöpfung und haben uns nach Adam und Eva der eigenen Verdammnis zugewandt. So ist unser Herz unser Wille. Wir sind Sklave unseres Geistes und unsere Seele ist gefangen in sich selbst. Doch in uns liegt der Weg der Wahrheit und der Klarheit. Der Weg der Liebe, Gnade und Güte. Der Weg der Erkenntnis und der Weisheit. Der Weg des Leidens und der Erlösung.

Kraft unseres Herzens, im Zyklus des Geistes und in der Reinheit der Seele liegt der Tempel Gottes. Alles verschmilzt hier zu einer Symbiose. Hier sind ein Anfang und kein Ende. Alles Licht liegt im Dunkeln und alle Finsternis neigt sich dem Tag zu.

Wir werden in eine Welt geboren voller Angst, Misstrauen und Neid. Sie ist voller Habgier, Zwietracht und Bösem. Wir werden in all dieser Dunkelheit das Licht, das sich der Hoffnung, dem Glauben und der Liebe zuwendet sein. So ist der Weg das Ziel und das Ziel der Weg.

Wir tragen die Offenbarung des Geistes in uns und alles Gute wird Bestand haben. In der Trigonometrie unseres Inneren weisen wir hin zum Licht. Doch die Strahlen der Vollkommenheit sind gegenwärtig und der Hahn der Endzeit ruft zum Erwachen.

Wer sein Leben gewinnen will, muss es verlieren, und wer sein Leben verliert, der wird es gewinnen. So sage ich: „Wachet auf und seid bereit. Lasst allen Ballast des Gestern und der Sünde zurück. Wendet euch dem Licht und dem Willen Gottes zu.“ Die Ernte des Herzens ist die Frucht des Geistes und die Offenbarung der Seele. So geht hinaus in die Welt mit reinem Herzen und freiem Geist. Werdet sehend und hörend. Werdet fühlend und sprechend. Seid wie die Saat Gottes auf fruchtbarem Boden einer kargen Welt und erbarmt euch derer, die klein sind im Herzen, mutlos und wie die verirrten Schafe der Herde, im Geiste verkommen, sind.

Kein Bach ist ohne Quelle, kein Feuer ist ohne Glut. Wenn ihr das erkennt, so werdet ihr der Samen der Zukunft sein, der den Willen Gottes trägt und zur Reife bringt. Wenn wir beten „Dein Reich komme. Dein Wille geschehe (…)", so sollten wir begreifen, dass das Reich Gottes in uns liegt. Der Tempel Gottes aus Licht und Weisheit ist uns näher als unser Hemd. Werdet frei, entledigt euch der Ketten der Verdammnis, der Lüge und der Dunkelheit eures Herzens. Der Himmel kann auf Erden sein.

Das Reich Gottes ist nicht ein schmaler, grüner Streifen im Land Irgendwo, sondern es liegt in uns, wenn wir es verstehen, das zu spüren und zu begreifen. Wandelt friedvoll und in Demut.

Noch ist die Zeit zur Umkehr in Herz, Geist und Seele. Noch findet die Waage nicht ihr Lot und keine Tür ist zugeschlagen. Nur im Glauben an den Vater werdet ihr in der Verzweiflung Grund finden. So finden wir Glück, Segen und Heil, des Lebens *ewige Pfänder* im Reich Gottes.

10.6 Ewige Pfänder

Nun, wir wandeln auf den Wegen,
welche die Fügung bricht und bahnt,
tiefes Schicksal, heiliger Segen
reicht des Herzens liebste Hand.

Dunkle Stunde dieser Welt,
dir ist nur die Zeit bestellt.

Alles reift wohl in der Stunde,
alles Leben drängt nach vorn,
Frieden ist des Geistes Kunde,
ist des Glückes schönster Born.

Trauer ist im Haus des Weisen,
Freude nur im Heim der Toren
keine Wonne wird erweisen,
wie das Lachen ging verloren.

Nun, der Wind weht über Länder,
über Reich und Arm zugleich,
doch des Glückes ewige Pfänder
finden wir im Himmelreich.

Friedvoll singt der letzte Vogel
dieses ewig alte Lied,
auf des Landes letzten Sockel
singt das Herz die Töne mit.

Wenn wir aus der Dunkelheit des Herzens treten, weisen alle Wege hin zum Licht. Wir sind dann die Erlösten und Geretteten in Gott.

10.7 Du

Wenn ich hungere, dann teilst Du mit mir das Brot der Liebe. Den Durst stillst Du mir durch ein volles Glas der Wahrheit. Weine ich die Tränen meiner Seele, spendest Du mir in der Dunkelheit den Trost für mein Herz. Meine Trostlosigkeit erfüllst Du mit der Kraft der Freude. So ist diese Freude das Glück meines Weges und meines Lebens. Zerbrechen die Freude und die Hoffnung in mir, führst Du mich zu Deinen Quellen des Lichtes. Habe ich nicht das Maß der Gerechtigkeit gefunden, so empfange ich Dein Erbarmen, und wenn meine Gedanken hasserfüllt sind, fordert mich Deine Liebe zur Vergebung auf. Doch wenn ich zweifle, reichst Du mir den Glauben aus Deiner gütigen Hand.

Wenn ich sündig bin und in Deiner Schuld stehe, erhalte ich die Gnade der Liebe. So bin ich nicht verloren, weil Du meine Rettung bist. Du bist mein Felsen und mein Hort und wenn ich verzage, dann gibst Du mir den Mut zum Leben. Ich bin verletzbar, doch Du stillst meine Wunden mit dem Heil der Liebe. Ich bin gläsern, weil Du mich durchschauen kannst. Ich bin zerbrechlich, aber Du zerbrichst mich nicht. Ich fürchte mich, aber Du schenkst mir Dein Vertrauen.

In tiefem Dank der Zeit breite ich meine Demut vor Dir aus und wandle darauf mit friedvollem Herzen – auf dem Weg, den Du mir bereitet hast.

Wachet und erwachet, denn die *Stunde der Wahrheit* ist nicht fern!

10.8 Die Stunde der Wahrheit

So deckt der Herr den Tisch reich im Angesicht seiner Feinde. Er tilgt die Schuld durch die Liebe der Vergebung und kein Herz ist mehr in Leid und Schmerz. Er bricht das Brot der Liebe und trinkt mit ihnen den Wein der Wahrheit.

Der Tag öffnet sich und die finstere Nacht weicht dem Licht der Erkenntnis und der Offenbarung. All unser Leid und Schmerz sind in der Fügung Gottes ergangen. So nehmt die Hand der Liebe und wendet das Blatt der Schuld zur Vergebung.

Die Nachtigall stirbt in der Nacht der Schuld, wenn sie nicht Hoffnung hat für den Tag und die Stunde des Lichtes. Trinkt den Wein der Liebe, dessen Rebe eure Wurzel ist. So seid gütig und erkennt das Licht des Herrn, denn die Finsternis hat keine Schranken. Das Tor der Zukunft hat die Türen der Hoffnung und ist die Quelle des Lebens. Die Türen der Weisheit und der Erkenntnis stehen weit offen, denn das heilige Licht wird uns den Weg bereiten.

So ist kein Tag ohne Licht und keine Stunde ohne Schatten. Unsere Liebe ist der Schlüssel der Vergebung. Die Vergangenheit wird uns den Weg in die Zukunft weisen.

Wenn der Brunnen eures engen Herzens ausgeleert ist, so wendet euch dem Quell des Lammes zu, damit der Geist Gottes über euch kommt und ihr nicht dürstet und hungert. So ist das Wasser des Lebens und das Brot des Glaubens für euch bereitet. Schmecket und trinket, denn all ist euer.

Mir wurde Gott offenbar und er wird euch durch mich offenbar werden. Ihr, die ihr gefallen seid, steht auf und freut euch mit mir, denn das Reich Gottes ist nahe. Kein Schaf bleibt ohne Hirte und somit bleibt der Mensch auch nicht allein. So seht doch, wie freundlich der Herr ist!

10.9 Einsamkeit der Worte

... und von Gott ging das gesprochene Wort aus. Das segensreiche, lebendige und für den Menschen befriedende Wort. Es öffnete den Geist, die Seele und das Herz des Menschen und findet seinen Widerhall teilweise nur in den Ohren, aber auch in den Taten der Menschen.

Das Herz ist uns voller Gedanken, Sätze und Worte. Doch die Mauer des Schweigens umhüllt unsere Seele und leert das Herz. Aber das Fleisch verzehrt sich nach der Sprache an einen verständigen Menschen und das geöffnete Fenster seines Herzens. Grund für die stummen Lippen des Körpers ist die Wahl eines geeigneten Ansprechpartners.

In der Einsamkeit eines solchen schweren, aber tragbaren, Zustandes, erfährt unser Glaube an Gott einen absoluten Vertrauensvorrang innerhalb des geistig-seelischen Zwiegespräches. Die besondere Wertigkeit unseres Herzens verschließt uns, obwohl das Bedürfnis nach dem gesprochenen Wort vorhanden ist, den Mund. Die Frage nach dem Warum ist eine Frage nach der richtigen Zeit. Also dem passenden Augenblick.

Im tiefen Keller der Seele reift das Ich heran.

Somit ist es also die Zeit und der Reifegrad unseres Seelengutes, das im Glas unserer erreichten Lebensfülle besteht. In der Gelassenheit, der Geduld und einer krönenden Hoffnung verbinden wir die Lebenszufriedenheit mit dem Glück der Liebe und der Geborgenheit.

Das mit Bedacht und Sinn gesprochene, qualitativ reife Wort birgt also in sich die Auswahl des Verstehenden und den Vorrang der Wortwahrheit. Die Lippen des Schweigens sind die zermürbende Einsamkeit der Wortlosigkeit. Sie sind daher das Sinnbild für das Reinheitsgebot des Herzens.

Jesus Christus spricht: „Ich bin die Türe." Den *Schlüssel* zu dieser Türe aber tragen wir in uns.

10.10 Der Schlüssel

Wenn du in deinem Herzen
das Unberührte sanft erweckst,
den Seelenschein der Lichterkerzen
vollendet in dir selbst entdeckst,
du mit deiner Liebe Schwingen
ziehst über des Geistes Glanz,
so wird die Stunde es dir bringen
wie die Wahrheit voll und ganz.

Wenn du wenig bedarfst im Leben
und du mit Herzen Freude schenkst,
nicht nur nehmen, sondern geben
in deinem Herzen eingedenkst,
so trägst du ohne Unterlass
zur Freude anderer Menschen bei
und schenkst die Liebe – keinen Hass –,
das andere ist stets einerlei.

Ergründe, was du ergründen musst,
erquicke aus deinem Mutterschoß
mit viel Gefühl und manchem Trost
dein Liebes- und dein Leidenschloss.

Du trägst den Schlüssel tief in dir,
das Licht der Seele ist die Tür,
der Schlüssel öffnet den Weg zu ihr,
so entsage allem Schlechten in dir.

Du findest dort des Lebens Pracht,
Liebe und Güte in deinem Herzen,
die Seele kennt weder Tag noch Nacht
des Geistes ewige Lichterkerzen.

Unser Geist fasst sich in unserem Verständnis in Worten. Diese Worte sind Rhythmen und Schwingungen, Monologe und Dialoge, Flüsse und Pole und sie sind die treffliche Analogie zu unserem Denken. Aussprache ist Kraft und Ausdruck. Im reinen Geist und reinen Herzen entstehen dann die *Worte – wie aus Stein gemeißelt.*

10.11 Worte – wie aus Stein gemeißelt

Die Worte eines Menschen sind nicht nur ein organischer, verbaler Akt. Die Worte eines Menschen sind die Summe seiner Gefühle, seines Verstandes, seiner Vernunft und seines Raumes und seiner Zeit. So spiegeln wir uns in den Worten, die wir „machen“. Worte sind mehr als nur Sprache, mehr als nur Verständigung. Sie sind die Resonanz aus unserem Geist und unserem Herzen. Sie sind die Frucht und die Offenbarung der Seele, die in uns liegt.

Unsere Worte sind die Erwartung und die Erfüllung zugleich. In unseren Worten trägt unser Herz die Hoffnung des „Verstandenwerdens“. So sind Worte des Geistes letztendlich die Gestik der Sprache. Die Sprache wiederum ist ein befreiender Akt einer inneren Resonanz innerhalb einer zuversichtlichen Übertragung in das Ohr des „Hörenden“. Doch dieser Transfer ist ja nicht nur ein Akt der Verständigung, sondern er erhebt auch den Anspruch, die Gedanken des anderen Menschen in einem Rhythmus des Verstehens zu bewegen. So hat das Wort für den Gesprochenen einen Wert. Dieser Wortwert drückt auch die Identität des Sprechenden aus. Daher können wir aus der „Frucht der Sprache“ erkennen, welcher Wurzel sie entspringt.

Der Gedanke ist Vater des eigenen Wortes, Bruder des Geistes und Schwester des Herzens. Wenn wir nach unserem qualitativen Wortwert handeln, so sind wir in unserer Handlung stimmig mit uns selbst. So werden wir nach unseren Worten gerechtfertigt – wie wir auch nach unseren Worten verurteilt werden. Nur wenn das fremde Wort über unsere Gedanken zu unserem Herzen und unserem Geist geleitet wird, so können wir es aufgrund unserer Persönlichkeit aufnehmen. Daher sind die wahren Worte des Geistes die Sendboten für fruchtbare Herzen.

Das befremdende Wort löst aber über unsere Gedanken einen Zwiespalt aus. Wortwert und Wortwahrheit sind dann der Scheideweg in unserem Gewissen. Wenn wir das fremde Wort verkehren, dann tragen wir die Verkehrung in uns.

Aber nicht das Wort verblendet, sondern dessen Reflexion in uns. Das wahre Wort ist gültig. Das wahre Wort gewinnt Zeit und Raum. Das wahre Wort hat Bestand und ist unvergänglich. Worte wurden durch Traditionen, Mythen und Religionen überliefert. Sie wurden übertragen und manchmal wurde auch der Sinn verfälscht. Im getragenen Wort erkennen wir den Lauf und den Spiegel der Zeit. Sollten wir erkennen, dass das Wort für sich selbst steht und wir es durch unser komplexes Wesen, aus einer unterschiedlichen Gefühls-, Gedanken,- und Erlebniswelt heraus, innerhalb einer – teils bewussten, teils unbewussten – Wortdeutung der Egozentrik auslegen. Aber der Geist eines Wortes bleibt immer derselbe, egal ob wir ihn verkehren oder nicht.

Worte – wie aus Stein gemeißelt. Sie sind die stetigen Felsen in der Zeit. Sie sind der tragende Grund einer Ewigkeit, die Grenzen und Dimensionen überschreiten. Worte sind die sprachlichen Schriftzeichen des Lebens. In ihnen ist alles offenbar. Ihnen ist alles wichtig und gewichtig. Die Worte an sich ignorieren nicht und sie grenzen nicht aus. Sie schließen ein und umfassen. So sind Worte die Werke des Geistes und der Geist ein Werk Gottes.

Das Wort hat Wert und an unseren Worten werden wir gemessen.

Wenn wir die Sprache unseres Herzens mit unserem Geist erfüllen, wenn der ausgewählte Gedanke das Wort bildet, wenn wir das Wort mit Hoffnung und Liebe verbinden, dann hat das Wort der Wahrheit Zeit und Raum überschritten, dann ist dieses Wort der Bote eines Geistes, der nicht nur in das „Ohr“ eines Verstehenden reicht.

Erweist sich, wie ein Spiegel, in unseren Worten des Geistes unsere wahre Identität? Oder gründen wir sogar tiefer? Ist all unser Wirken im Leben nur Oberfläche oder erfahren wir in unserem Dasein das wahre *Ich*?

10.12 Ich

Ich bin der Anfang und das Ende.
Ich bin das Licht und die Finsternis.
Ich bin der Fall und die Auferstehung.
Ich bin das Werden und das Vergehen.
Ich bin der Friede und der Geist.
Ich bin die Zeit und der Raum.
Ich bin das Schicksal und die Fügung.
Ich bin die Unendlichkeit und die Ewigkeit.

Ich bin die Wahrheit und die Klarheit.
Ich bin das Wort und das Schweigen.
Ich bin die Frage und die Antwort.
Ich bin die Stille und der Sturm.
Ich bin die Hoffnung und die Erlösung.
Ich bin die Freude und das Leid.
Ich bin das Leben und der Tod.
Ich bin das Wasser und das Brot.
Ich bin der Quell und der Bach.
Ich bin die Glut und das Feuer.
Ich bin der Tropfen und das Meer.
Ich bin der Samen und die Frucht.
Ich bin der Glaube und die Liebe.
Ich bin die Weisheit und die Erkenntnis.
Ich bin das Geheimnis und die Offenbarung.
Ich bin der Spiegel und das Bild.

Ich bin die Waage und das Lot.
Ich bin die Gnade und die Güte.
Ich bin der Mensch und der Christ.
Ich bin der Sohn meines Vaters.
Ich bin dein Herz und deine Seele.
Ich bin ich.

10.13 Erbarmen

Vater im Himmel, erbarme Dich unser. Die Menschen leben in Zwietracht und Hass. Bruder erschlägt den Bruder um Hab und Gut. Die Bäume, die Luft und das Wasser verderben. Plage, Not und Tod ziehen über die Erde. Aber wenn es Abend wird und Nacht in dieser Welt, Vater, erbarme Dich unser. Wenn der Tag dunkel ist und die Wasser des Meeres auf das Land stürzen, wenn die Erde der sündigen Welt bebt, so erbarme Dich.

Vater, wenn uns die Stunde schlägt, so wissen wir doch, dass Deine Liebe die Zuversicht unserer Herzen ist. Deine Liebe wirkt in unserem Leiden und unser Glauben ist die helle Brücke zu Dir. In Demut neigen wir uns vor Dir und rufen Dich an zum Gebet. Vater, Dein Ratschluss ist weise und unergründlich. Deine Barmherzigkeit sind die Liebe und die Gnade. Vater im Himmel, lass uns bitte nicht allein!

Deine Geduld ist unsere Hoffnung und Dein Weg ist unser Wandel. Auch wenn wir nicht immer unsere Schuld erkennen und Irrwege gehen, so glauben wir an Dich und wenden uns hin zum Licht, das die Güte und die Weisheit birgt. Unser Weg ist der Weg der Reue und der Buße. Habe Erbarmen mit den verlorenen Schafen Deiner Weide, mit den Verletzten und Verirrten. So führe sie heim in Dein Reich. Wir wissen, Dein Haus hat viele Wohnungen. Unsere Herzen sind klein und verzagt. Nimm unsere Herzen und unsere Seelen in das strahlende Reich Deiner Vergebung auf. So lass uns heimkommen zu Dir und lass uns den Fuß in Dein Haus setzen. Vater im Himmel, lass uns bitte nicht allein!

Lass uns durch die Läuterung unseres Geistes die Herrlichkeit Deiner Werke erkennen. Die Blinden sollen wieder sehen, die Tauben wieder hören, die Verstummten wieder reden, denn Dein ist das Reich und Dein ist der Wille. Dein Geist ist die wirkende Kraft der Erkenntnis, sie ist die Wurzel allen Lebens. Lass Deine Liebe gedeihen wie den Quell allen Lebens, dann werden Hoffnung, Liebe und Glaube der Hort der Herzen der Menschen sein. Gib den Trauernden Trost, den Verzagten Hoffnung und der Schuld die Liebe Deines Geistes. Führe sie aus der Dunkelheit der Verdammnis. Sende die Boten Deiner Allmacht und Gerechtigkeit aus, sodass sie den Dürstenden das Wasser reichen und mit den Hungernden das Brot brechen. Vater im Himmel, lass uns bitte nicht allein!

Dein Licht ist in der Welt groß, doch das Böse wirft seine Schatten weit. Lass uns an das Kreuz der Liebe und der Erlösung durch Jesus Christus das Band der endlosen Liebe knüpfen, denn in der Ergebenheit unseres Geistes loben und preisen wir Dich für alle Zeit. So ist die Zeit das Kommen und Gehen und der *ewige Pflug* Gottes.

11. Zeitzeichen der Zeit

11.1 Der ewige Pflug

Der ewige Pflug bricht sich auf dem Acker des Lebens durch die harte Muttererde seinen Lauf. Links und rechts türmen sich die Erdschollen auf und verschmelzen zu bizarren Gebilden. Der Pflug setzt seinen Weg der Veränderung unbeirrt fort. Niemand sieht diesen Pflug und doch spüren wir die Kraft seiner Macht. So wendet er das Unterste nach oben und das Oberste nach unten. Ob gut, ob schlecht, nichts bleibt ihm verborgen und verhohlen. Nichts entgeht seinem Lauf. Wie ein stählerner Koloss teilt er das Schicksal unseres Lebens. Als Werkzeug Gottes bahnt er sich seinen Weg und hinterlässt die neue, tiefe Furche einer fruchtbaren Erde. Der Pflug zerreißt das alte Wurzelwerk der Nacht und schafft den urbaren Boden an den Tag. Er ist der Wegbereiter für eine hoffnungsvolle Saat.

Der ewige Pflug ist die Zeit. Sie ist das Werkzeug im Werden und Vergehen im Reich der Ewigkeit. Die Zeit trennt uns, formt uns und führt uns auf dieser Erde zusammen. Jahr um Jahr wiederholt sich dieser Fortgang der Welt. So schafft der Pflug der Zeit Vergangenheit, Gegenwart und Zukunft. Seine Kraft und Stärke, seine Richtung und sein Weg sind die Gnade Gottes, die er uns erweist.

Wenn dieser Pflug nicht mehr von einer liebenden, gütigen Hand geführt wird, ist unser Dasein Stückwerk und der Acker bleibt öde und leer. Er ist fruchtlos. Daher liegt im Wandel der Zeit die Hoffnung und Erlösung durch Gott.

Die Welt ist somit der *Stunde der Vergänglichkeit* unterworfen.

11.2 Die Stunde der Vergänglichkeit

Über Wälder, Seen, Matten
schweift das Auge grenzenlos,
müde fällt der Wanderschatten
nachts in der Erden Schoß.

Tag und Nacht sind Vergehen,
Wandel in dem Wolkenreich,
dort, wo diese Winde wehen,
fällt alle Last zugleich.

Alles, alles wird scheiden,
Welt, Gestirne, Zeitengang,
aber die Liebe wird uns bleiben –
seelenhafter Zauberklang.

In der Tiefe, in der Ferne
zerfällt das alte Stundenglas,
herzensschwere Leidenssterne
halten in uns das Lebensmaß.

Alles, alles wird sich wenden,
sieh, des Glückes Unterpfand
tragen wir fest in unseren Händen,
sanfter Abschied – Gotteshand.

Wenn das letztes Jahr gekommen,
Tag und Stunde nicht mehr weit,
hat's die Seele still vernommen –
holdes Licht der Ewigkeit.
In der Weite, in der Ferne,
beginnt für uns ein neues Sein,
schattenhafte Schicksalssterne
weisen hell den Weltenschein.

Der Raum ist den Wogen und Wellen der Zeit unterworfen. Sind wir also nur Teil eines Spieles aus Zufall und Wahrscheinlichkeit oder sind wir im Rahmen einer unvorstellbaren Weisheit eines göttlichen Ratschlusses dem *Wellengang der Menschheitsgeschichte* unterworfen?

11.3 Der Wellengang der Menschheitsgeschichte

Was für einen Menschen als Wesen in seiner Schicksalsstruktur die Einzahl bedeutet, trifft auch für die Menschheit als Mehrzahl zu.

Wenn wir die zeitgeschichtlichen Strömungen der Vergangenheit und die Strömungen unserer Zeit betrachten, stellen wir fest, dass die geschichtliche Entwicklung der Menschheit auf vielen Gebieten – gleich einer mathematischen Formel einem Strom oder einer Gegenströmung in Form einer Welle – entspricht. Dieser Wellengang der Menschheit ist in einer Abhängigkeit von Ursprung, Dynamik, Wirkungs- und Zeitfaktor zu sehen. An vielen nachvollziehbaren Geschichtsbeispielen sehen wir diesen Wellengang. So folgen nach jeder Wellenspitze der Bruch der Welle und die entsprechende Gegenströmung über die Mitte.

Denken wir einmal an die Zeit des französischen Absolutismus im 17. und 18. Jahrhundert unter Ludwig dem vierzehnten von Frankreich, so können wir aufgrund einer einfachen Geschichtsanalyse nachvollziehen, dass im Jahre 1789 die Französische Revolution zwangsläufig folgen musste. Im zweiten Beispiel betrachten wir aus dem letzten Jahrhundert den Versailler Vertrag von 1919. Auf die Festsetzung des Schadensausgleiches und das Friedensdiktat der Alliierten, ohne deutsche Beteiligung, folgte – auf Grund der vom deutschen Volk empfundenen tiefen Schmach – unabwendbar der Zweite Weltkrieg.

Aus diesen Geschichtsbeispielen sehen wir, dass negative Empfindungen negative Handlungen nach sich gezogen haben. Hier gilt auch der Umkehrschluss. Die geschichtliche Wellenstrukturanalyse lässt sich auch über Jahrhunderte entsprechend fortsetzen.

In unserer Gegenwart zerfällt der Kommunismus als einst ganzheitliches Imperium zu national-dezentralen Splitterländern. Im europäischen Kapitalismus können wir uns die gegensätzliche Entwicklung vor Augen halten. Politische und wirtschaftliche Macht werden zukunftsträchtig zentriert. Einer Wellenstruktur folgt zeitversetzt eine Gegenbewegung mit allen seinen entsprechenden Auswirkungen. Mit zunehmender Gesamtstruktur der geschichtlichen Entwicklung der Menschheit werden die Wellengänge in ihrer Stärke und Dauer kürzeren Zeiten unterworfen sein.

Unser Handeln hat in unserer Gegenwart tiefgreifende Kurzzeitauswirkung. Wenn wir um alle diese Umstände wissen, sollten wir meinen, dass der Mensch aus der Menschheitsgeschichte gelernt habe. Wir aber werden von zukünftigen Generationen nicht an unseren Fortschritten in Wissenschaft und Technik gemessen, sondern an unseren Versäumnissen.

Der Wellengang der Menschheitsgeschichte ist der Gezeitenlauf zwischen Tag und Nacht der Geschöpfe. Hier kehren sich das Sterben der Nacht und die Frucht des Tages um. Alles ist mit einem hohen Sinn belegt. Glücklose Tränen und wunder Schmerz bilden die Fügung der Nacht, die der Samen für eine verheißungsvolle Zukunft ist.

Die letzten Stunden des Tages werden bereits von der Nacht durchwirkt. Somit steht die Menschheit vor dem Kreuz des Scheideweges. In den letzten Stunden des Tages und der ersten Zeit der *Nacht* umhüllt das Zwielicht unsere Sinne. Nichts ist mehr eindeutig, nichts ist mehr klar und erkennbar. Nur wenn der Geist des Menschen zu Gott Bestand hat, wird er in der tiefen Gelassenheit des Glaubens der Finsternis Zeit und Raum gewähren lassen und somit in die ersten Strahlen des Tages und den Neubeginn verwoben sein.

11.4 Die Nacht

Wenn das Licht ist sanft entschwunden
und der Tag der Nacht entweicht,
fließt die Fügung in den Stunden,
denn der Geist hat Sinn erreicht.

Glück ist des Herzens Freude
in dem Leben, in der Zeit,
Trost brauchen alle Leute,
wenn der Schmerz das Herz erschleicht.

Tränen sind dem Leid entronnen,
Hochmut, Stolz, verletztes Herz,
doch des Himmels helle Sonnen
führen aus dem tiefen Schmerz.

Einsam ist des Wunsches Seele,
fern sind Freude und Geschick,
sag mir, welche Not mich quälte,
kommt die Freude reich zurück?
Welchem Sinne nach wir trachten,
sagt das Herz, nicht der Verstand,
wenn wir Gold und Gut verachten,
knüpfen wir ein weises Band.

Nacht fällt durch des Tages Schatten,
langsam senken sich die Lider,
Sorgen, Nöte, die wir hatten,
ruhen in des Körpers Glieder.

Alle Last und alle Sorgen,
drängen nicht des Menschens Brust,
heller Strahl am frühen Morgen,
strömt in des Herzens Lust.

Nacht, sie trennt und sie verbindet,
Dämmerung erlischt den Schein,
auf der Nacht ist Tag gegründet,
alle Hoffnung soll er sein.

Lasst uns wieder Hoffnung finden,
lasst uns froh das Gute wagen,
keiner wird das Schicksal zwingen,
in den guten und schlechten Tagen.

Die Menschheit befindet sich in der Dämmerung des alten Lichtes. Der *Schatten der Menschheit* weist im Abend der Vergänglichkeit in die Nacht.

11.5 Der Schatten der Menschheit

Der Mensch und die Menschheit selbst befinden sich im Schatten dieser Welt in einer Egozentrik des Werdens und Vergehens. Wenn wir diesen Schatten auf ein Minimum unserer Gedanken- und Gefühlswelt verkleinern, werden wir erkennen, dass dieser Schatten die Abfolge des Lichtes ist. Diesen Schatten gilt es zu erhellen und in einer Art und Weise zu bescheinen, damit dieser Schatten – gleich einer neutralen Kraft – für einen Zeitraum der Erträglichkeit des Lebens aufgehoben wird.

Wenn wir uns die Menschheitsgeschichte als Ganzes betrachten, werden wir sehen, dass Intoleranz der Weg ist, der in die Einsamkeit führt, dass Hass der Weg der falschen Liebe ist und dass der Neid den Grundstock für ein scheinbar falsches Teilen des Ganzen fundiert.

Sicher kann man sagen, dass Ideologien nicht die Grundlage für die Menschheit bedeuten, sondern dass wir frei werden müssen für eine Denk- und Gefühlsart, die uns in ihrer existenziellen Bedeutung richtungweisend für die Menschheit sein wird.

Der bisherige Wellengang der Menschheitsgeschichte wird die Menschheit, in unabdingbarer Weise und gleich einer mathematischen Formel, in eine Welt bringen, die tief in uns liegt und deren Geheimnisse wir dadurch erfahren und erleben können und werden, wenn wir durch das eigene Spektrum des inneren und äußeren Wahrnehmungsgeistes dazu geführt werden.

Eine Änderung der gegensätzlichen Verbindung wie Krieg und Frieden, Liebe und Hass, Habgier und Besitz erreichen wir in der Folgeart der Menschheit, ohne dass wir uns in eine Neutralitätsstellung der Vernunft und unserer Empfindungen begeben. Diese Änderung gleicht einer Spektralanalyse auf dem Scheitelpunkt der mathematischen Formel. Die Abwandlung wird in uns auf friedvolle Weise vollzogen.

Wird die Menschheit auf dem Weg dorthin, in annehmbarer Weise, das bisherige Spektrum der inneren und äußeren Werte anwenden, bevor ein neuer Geist uns auf eine der vielen anderen Bewusstseinsebenen führen wird? Der Änderungsprozess wird Jahrtausende kegelförmig verjüngter Wellengänge umfassen.

Der Schicksalsweg des Menschen im Leben ist gar selten ein Müßiggang und lässt die Menschen die eigenen Grenzen und Möglichkeiten in Wissenschaft und Technik erkennen. Den Schicksalsweg, der aus Licht und Schatten besteht, gilt es zu bejahen und in einer Grundannahme zu vollziehen.

Die Menschheit kann sich ihrem Schicksalsweg gegenüber nicht auflehnen, aber sie kann im eigenen Erkennen, Erfühlen, Erleben und Erlernen des bisherigen Schicksalsweges für die Zukunft nachvollziehbar begreifen und wird dadurch mit Herz und Seele gewappnet sein.

Im Rausch der Sinne sind wir die Abtrünnigen des Lichtes geworden. Fassungslos stehen wir, sterbend, vor dem Scherbenhaufen unserer Welt. Trauer, Resignation und Zweifel erfassen unser Herz und unseren Geist. Es entstehen die *dunklen Gedanken*.

11.6 Dunkle Gedanken

So fülle uns den Kelch, den bitteren,
und sage uns: „Die Stunde naht."
Denn alles irdisch Leid und Zittern
endet auf des Lebens Grat.

Süßer Schmerz, komm in unsere Brust
und stille uns der Seele Leid,
das Leben ist jetzt ohne Lust
und endet in der dunklen Zeit.

Die Gedanken sind zerronnen
im Lebenssinn dieser Nacht
und unsere Freuden, unsere Wonnen
sind unserem Sein nicht zugedacht.

Der Geist sucht nach Sinn
an diesem Tag, zu dieser Zeit,
das Ende hat den Neubeginn
im Himmelreich der Ewigkeit.

Doch aller Wankelmut der Seele
in dieser sternenklaren Nacht,
es ist der Geist, der uns so quälte
und findet nicht des Herzens Pracht.

Des Lebens Sinn ist oft im Dunkeln
und Hoffnung hat kein hehres Ziel,
doch wenn des Herzens Sterne funkeln,
vergeht des Trübsals Trauerspiel.

Nur wenn wir aus den dunklen Gedanken in den Schutz, die Wärme und die Geborgenheit des neuen Tages, in das volle Verantwortungsbewusste unser selbst treten, dann werden wir sie erkennen – die *Zeitzeichen* des Lebens.

11.7 Zeitzeichen

Allen Menschen widerfährt im Laufe ihrer Lebensjahre eine schicksalhafte Begegnung im Rahmen ihrer Persönlichkeit. Liebe und Leiden liegen ebenso nahe beieinander wie Trauer und Freude. Immer wieder werden sie mit kleineren oder größeren Lebenssignalen konfrontiert. Leider sind in unserer heutigen Zeit die meisten Menschen in ihrer Oberflächlichkeit und Lieblosigkeit nicht in der Lage, Zeitzeichen ihres Lebens zu erkennen und die natürlichen Folgerungen für sich daraus zu ziehen. Sie fahren mit dem Zug des Lebens auf einem Zeitgleis und beachten weder die Geschwindigkeit noch die Lebenssignale und Schicksalsweichen, die ihnen gesetzt wurden. Da gibt es kein Halten und kein Warten in ihrem Leben.

Zeitzeichen sind Mahnungen und Weisungen in unserem Leben. Es sind die Gipfel und Täler auf unserem Existenzweg. Manche können wir schon aus der Ferne sehen und andere finden erst im Vorbeischauen Beachtung. Es sind die offenkundigen und sichtbaren Zeichen. Sie können aber für uns auch kaum spürbar und in der Zukunft nachvollziehbar sein.

Natürlich glaube ich, dass jeder Mensch seinen Schicksalsweg gehen soll und muss, aber die Art, mit der die Bewältigung stattfindet, sollte so sein, dass wir später einmal sagen können, in einer für uns und die anderen Mitmenschen hoffnungsvollen und friedfertigen Daseinswelt gelebt zu haben.

Es geht nicht darum, dass Lebenschancen ausgelassen wurden, sondern es geht um eine sinnvolle Wahrnehmung dieser Zeichen, die jeder Mensch auf seinem Weg hat. Diese Beachtung findet in ihrer Zurückverfolgung und Umsetzung des Zeitzeichens persönlicher Art einen geistig-seelischen Anspruch auf eine zwar nicht sorglose, aber zuversichtliche und tragbare Zeit.

Wissen wir noch, was und wann es war?

Was war unser letztes Zeitzeichen?

Die Zeichen der Zeit werden den Menschen in ihrer Existenz zum tiefen, inneren Ich führen. Diese Zeichen gilt es zu beachten und im positiven Sinn im Sein der Menschheit zu sehen. Zu sehen im Bereich des Hintergrundes der von Gott gegebenen Sinne des Menschen. So wird er wieder zu diesen Sinnen und Dimensionen zurückfinden, die er seit dem Zeitraum der Evolution verloren hat. So ist unsere Lebenszeit die *geliehene Zeit*.

11.8 Die geliehene Zeit

In unserem Garten der Seele steht ein Baum – mit starkem Stamm und festen Wurzeln. Das weitverzweigte Astwerk fügt sich zusammen zur Krone des Lebens. Die Wurzeln liegen im Verborgenen der Zeit und sind die Lebensspender für unseren Glauben, unsere Hoffnung und Liebe. Wie jeder Baum ist auch dieser Baum dem Kreislauf der Natur unterworfen. Der zarte Frühling ist der Vorbote des himmelblauen Sommers und die Früchte des Herbstes sind die Ernte der späten Jahre. Die lange Ruhezeit des schneereichen Winters führt den Baum aus der Vergänglichkeit zur Auferstehung unserer Seelen.

Jeden Morgen und jeden Abend sehen wir das Bild dieses Baumes in uns. Wir können uns an ihm erfreuen und hoffen. Wir können mit ihm trauern und tanzen. So ist unser Leben ein Fest Gottes.

Unser Baum ist nur ein Spiegelbild der Zeit. Ein Teil der Schöpfung und ein Bruchstück der Ewigkeit. Das Werk Gottes ist mir nur für unsere Erdenzeit geliehen und die Tage und Nächte unseres Lebens sind wie die welken Blätter dieses Baumes der Vergänglichkeit unterworfen. Aber die reifen Früchte der Jahre der Erkenntnis sind unser Talent und unser Lebensschatz.

Wir erkennen den Sinn des Baumes, wenn wir ihn uns nicht zu eigen machen. Nur in der Loslösung von der zeitlichen und materiellen Gegenwärtigkeit durch eine grenzenlose Gelassenheit des durchwirkten Lebens und Leidens sehen wir in ihm und uns das Bild Gottes. Das Leben auf der Mutter Erde ist für uns nur die geliehene Zeit.

Die Zeit des Werdens und Vergehens. Die Zeit des Falles und der Auferstehung. Aber auch die Zeit der Hoffnung und der Liebe in der grenzenlosen Gnade Gottes, die uns führt und trägt. Sie ist Anfang und Ende, Eingang und Ausgang, Ewigkeit und Unendlichkeit. In der Gewissheit um den Willen Gottes in unserem Leben ist die Bahn unserer Seele die Fügung seiner Hand.

Nur im Spiegelbild unseres Lebens werden wir in Klarheit und Wahrheit den Weg finden, der uns herausführen wird aus der Dunkelheit und heimführen in das Haus unseres Vaters, das Licht und Liebe ist. Was ist unsere Welt heute? Ist sie Zwischenspiel oder Vollendung, Aufbruch oder Vergehen oder Stein des Anstoßes im *Staub der Ewigkeit*?

11.9 Staub der Ewigkeit

Der Weg, das Land, die Welt
sind Staub der Ewigkeit.
Der Takt der Herzen ist gezählt
in Tod und Einsamkeit.

So rinnt das Blut auf unserem Stern,
der Neid, der Zorn, der Hass,
der Geisteswandel sind noch fern –
das Maß ist Aderlass.

Das Licht bescheint der Erde Qual
und Hoffnung ist der Segen.
Die Wunde heilt nach tiefem Fall,
das Gute wird sich regen.

Wir werden neu geboren
aus dieser Zeit in Schmerz,
denn Gott hat uns erkoren
zum Leben und zum Herz.

So rühmet seine Gnade
und preiset wohl sein Haus,
in eurer Kemenate
geht Freude nimmer aus.

Der Glanz bricht jeden Schatten,
die Zeit der Welt zerrinnt,
auch wenn wir Schmerzen hatten
im Seelenlabyrinth.

Nun ist die Liebe endlos,
kein Krieg, kein Hass, kein Blut,
barmherzig und gewaltlos
erhellt der Geist die Glut.

Im Lauf der Zeit haben sich die Herzen der Menschen zu Staub zermalmt. Staub ist Erde, doch die Erde Gottes ist fruchtbar. In all den Jahren menschlichen Lebens und Wirkens war immer bei uns der Wille vorhanden, dem Schmerz und dem Leid zu entfliehen. Schmerz und Leid haben ihren tiefen Sinn. Der Weg durch die Zeit ist die Straße von Leid und Schmerz, Recht und Unrecht, Krieg und Frieden.

Heute sind wir die Konkursverwalter einer Welt, die den humanen Offenbarungseid geleistet hat. Wir haben ziel- und haltlos gelebt.

Nur wenn wir erkennen, dass der Weg der weisen Selbstbeschränkung ein großer Schritt nach vorn ist, wenn wir also den Egoismus und die Egozentrik dem eindeutigen Licht aller Humanität angleichen, dann werden wir auf dem urbaren Boden des Neubeginns der Bauer sein, der Samen und Frucht dieser herrlichen Welt ist.

11.10 Weise Selbstbeschränkung

Sie ist die freiwillige Einschränkung und vorausschauende Verzichtserklärung an Körper, Geist und Seele eines Menschen. Diese Beschränkung ist in ihrer Auswirkung zeitverschoben und zukunftsorientiert. Sie beinhaltet die Beschränkung des Egoismus und der Egozentrik des Menschen und enthält meist eine primäre logische Vorteilsabsicht.

Es ist dann die Gewissheit vorhanden, das Beschränkte vielleicht später erreichen zu können.

Als gute Haushalter unserer bioenergetischen Kräfte erhalten wir beim selbstkritischen Schätzen unserer Möglichkeiten eine eigene Bestandsaufnahme. In dieser erheblichen Vernunftsabsicht können wir negativen Strömungen in uns und um uns entgegentreten. Die weise Selbstbeschränkung gründet in der menschlichen Besinnung auf ein strukturiertes, positives Denken, Handeln und Fühlen und fördert die Entwicklung einer zufriedenen Lebensannahme.

Bei richtigem Umgang mit unseren vorgegebenen Möglichkeiten fließt der Denkprozess aus den Teilen Gefühl und Einsicht in ein vernunftorientiertes Handeln ein.

Die weise Selbstbeschränkung ist ein Produkt der Selbsterkenntnis und einer geistigen Reife und Gelassenheit der Licht- und Schattenseite in unserem Leben. Sie basiert auf einen humanen Erfahrungsschatz.

Ihr Weg der stabilisierenden Wirkung gründet jedoch auf einer Ausgleichskomponente. Wenn wir uns also auf einem Gebiet bewusst beschränken, so eröffnen wir uns vielfach verschiedene Möglichkeiten in anderen Lebensabschnitten.

Die Menschheit ist erst in den Anfangsstrukturen auf dem schwierigen Weg zur Selbstbeschränkung. Die zeitliche Abfolge der Geschehnisse wird Beschleuniger für eine Entwicklung zur Beschränkung egozentrischer Verhaltensweisen werden. Solange wirtschaftliche, politische und kirchliche Machtgefüge hieraus resultieren, leben die Menschen maßlos und haltlos im Schatten ihrer selbst.

Haben wir auf Pump gelebt? Haben wir den Rahmen unseres existenziellen Lebens gesprengt? Haben wir gar unser Gewissen an das Kreuz von Soll und Haben gehängt? Beschränken – nein, warum? Wir haben doch scheinbar alles, was uns Freude und Glück verschafft, vollbracht. Wir, die genialen Wunderkinder des Jahrtausends, wir haben doch erst dem Leben den Wert verschafft.

Lebenswerte sind Zeitwerte, sie sind in der geliehenen Dauer unseres irdischen Daseins beschränkt. Wenn wir frevelnd, frönend und heuchelnd unserer Gier des Herzens folgen, dann werden wir gewiss sein, dass unsere *Zeitwerte* mehr als fragwürdig sind. Sie sind hohl und brüchig. Nicht nur im Herzen, sondern auch im Geist.

11.11 Zeitwerte

Unser Leben beginnt als fruchtbares Samenkorn in Raum und Zeit. Bei unserer Geburt sind wir – nackt und schutzlos – auf die Geborgenheit und die Hilfe unserer Mutter angewiesen. Das erste Geschenk, das wir im Leben erhalten, ist die Liebe. Und wir haben nichts als unsere Hoffnung auf Zukunft.

Wir sind noch frei von materiellen Werten dieser Erde und auch frei von belastenden, sorgenvollen Gedanken. Wir entwickeln Schritt für Schritt ein Bewusstsein für diese Welt, die uns umgibt.

Die Bahnen unseres Lebens werden sich allmählich auf das Schaffen von irdischen Werten zur grundlegenden Existenz unseres Lebens lenken. In der Erbärmlichkeit des irdischen Handelns und Denkens um die existenziellen Güter unserer Zeit haben wir den Weitblick und auch die Priorität für die wirklichen Werte eines menschlichen Daseins verloren. Es ist uns nicht bewusst, dass in dieser Zeit der Lebensjagd und der natürlichen, sinnlichen Lebensfreude alles der Vergänglichkeit unterworfen ist. Darum sollten wir weder unser Haus und unsere Habe noch Stand und Güter in unseres Herzens Verwahr geben. Sondern wir sollten vielmehr das Leben der Wahrheit und der Liebe als Gabe auf Zeit leben.

Wir benötigen eine gewisse Distanz der Besinnung, um das Werden und Vergehen eines Menschen relativieren zu können. Im Rahmen der Zeitabläufe wird sich neben der Lebensfreude auch ein förderlicher Lebensernst entwickeln, der Wegweiser zu einem „sinngebenden“ Lebensinhalt ist.

Die wahren Werte eines Menschenlebens mit zeitlosem Bestand sind der kreative Seelenreichtum und die Entfaltung des geistig-seelischen Anspruchs in der Lebensfülle. Eine sinnbejahende Lebensdichte kann nicht Bestand und Ausdruck der vergänglichen irdischen Güter sein, sondern sie ist der „Schatz des Lebens und des Lichtes“. Wenn unser Lebenskreislauf sich in der bewussten Vergänglichkeit schließt, werden wir diesen Schatz ohne Raum und Zeit aus Licht, Liebe, Hoffnung und Sehnsucht mitnehmen dürfen.

Im Angesicht des Todes sind wir wieder nackt und bloß. Wir werden zu Staub zerfallen, der uns als Samenkorn in eine ungewisse Zukunft der Vergänglichkeit unserer fruchtbaren Mutter Erde trägt.

In dem Bewusstsein dieser allumfassenden Geschehnisse sollten wir den materiellen Werten und Gütern der Welt den Rang der Vergänglichkeit zuordnen und sorgsam in unserem Leben Spreu vom Weizen trennen.

Erst dann werden wir für unseren Geist, unsere Seele und unser

Menschenherz die wahren Werte erkennen, welche die Frucht des Lebens der Zukunft tragen.

Wenn wir fern von einer weisen Selbstbeschränkung, fern von den Zeitwerten sind, sind wir dann die Verlorenen und Verdammten Gottes? Sind wir an die Grenzen aller Vergänglichkeit gestoßen? Leben wir wirklich als Christenheit den *Willen* Gottes?

11.12 Des Meisters Wille

Buntgefächert ist die Welt,
Farbenspiel vom alten Meister,
vereinigt unter dem Himmelszelt,
sind des Äthers große Geister.

Jede Farbe hat Bestand,
Schwarz gesellt sich hin zu Rot,
alles kommt aus einer Hand,
wir brechen doch dasselbe Brot.

Geben gilt mehr als Nehmen,
Teilen mehr als grobe Gier,
Toleranz – lass mich erwähnen –,
alles steht nun hier Spalier.

Vielfalt ist des Rätsels Lösung,
die Liebe und das Vertrauen.
Herrlich ist die goldene Hoffnung,
lasst uns weise Brücken bauen!

Alles teilt sich in der Fülle,
Fauna, Flora, die ganze Welt,
heilig ist des Meisters Wille
und die Fügung ist bestellt.

Dieses kleine Gedicht war nur ein Augenzwinkern des göttlichen Willens, aber heute leben wir in einer Zeit der Masken. Wir leben in einer Zeit der doppelbödigen Moral. Wir leben in einer Zeit der Entartung und Zerstörung. Wir leben in einer unmenschlichen Zeit fern von Gott. Wir leben *gegen die Zeit* Gottes.

11.13 Gegen die Zeit

Wir kennen die Tages- und die Nachtzeit sowie die Sommer- und die Winterzeit. Aber es gibt auch Zeiten des Verstandes, der Gefühle, der Vernunft und der Liebe sowie der Moral, der Menschlichkeit und des Glaubens. Die Zeit basiert immer rechnerisch auf einem Verhältnis vom Zeitpunkt zum Geschehen. Der Zeitfluss birgt in sich die Vergangenheit, Gegenwart und Zukunft. Zwischen der menschlichen Zeitrechnung des Geschehens und dem moralischen Zeitwert ist zu Lasten der Menschheit ein großer, eigensüchtiger Unterschied entstanden. Dieses Ungleichgewicht der Einheiten gründet auf die egozentrischere Entfernung vom Glauben, Wahrheit und dem Licht.

Aus der Sicht der Evolution und ihrer rechnerischen Bedingung bleibt der Mensch unter den Möglichkeiten und hinkt der moralischen Wertrechnung weit hinterher. Die Zeiger der Weltenuhr mahnen zur Wachsamkeit, denn die Stunde der Erfüllung ist die Zeit Gottes. Es ist jedoch, aus heutiger Sicht gesehen, falsch, den moralisch bedingten Zeitwert dem Inhalt des heutigen Geschehens durch einen eigenmächtigen, unzeitgemäß geistigen Eingriff anzugleichen. Damit wird die Nacht der Lüge zum Tag erkoren und der Tag der Wahrheit stirbt in der Dunkelheit. Der Stundenzeiger des göttlichen Zeitwertes schlägt vor unserer Zeitrechnung. Somit leben wir heute also eigensüchtig für uns und gegen die Zeit Gottes.

Wir sind für den wahren humanen Zusammenhang von Raum und Zeit blind geworden und versuchen, durch unsere moralische Täuschung, uns aus der ganzheitlichen Verantwortung zu stehlen. Aber der Wert der menschlichen Zeit ist für uns nicht auf dem Chronometer und im Jahrtausendschein ablesbar, sondern in seiner vernunftorientierten Reflexion seinem Umfeld gegenüber. Daher sind trotz des Rausches eines selbstsüchtigen Fortschrittes Besinnung und Einhalt geboten, um den humanen Schaden zu begleichen.

Im Labyrinth der Eigensucht haben wir uns verirrt. Wir sind an die Grenzen und Mauern der Egozentrik gestoßen. Können wir uns in all dieser Zeit noch selbst helfen oder sind wir alle dem Tode geweiht?

Aids, Krebs, Ozonloch, Naturkatastrophen und Eigenwahn sind heute die Grenzen einer Welt, die sich scheinbar selbst nicht mehr retten kann.

Was kann uns dann in diesen Jahren noch schützen? Kann uns nur noch ein Wunder helfen? Aber in dieser heutigen Zeit aus Lug und Trug, Scheingeflimmer und der Niedertracht an ein *Wunder* zu glauben ist doch logisch nicht rational.

So sind wir fern von Glauben und Hoffnung. Fern von Gott.

12. Zeitzeichen der Ewigkeit

12.1 Keine Zeit für Wunder

Der Mensch wirkt in sich, durch sich und mit sich. Die Natur im Kleinen und im Großen hält auf ihrer farbenprächtigen Palette alle Wunder dieser Welt für den Menschen bereit. Wenn wir in einer Menschlichkeit des Denkens, Fühlens und Handelns bereit sind, den Fortschritt des Lebens ohne Egozentrik zu erkennen, werden sich nach und nach alle Schlösser und Türen dieser Wunderwelt für uns öffnen. Die Wunder dieser Erde sind bereits vollbracht, aber nicht vollendet. Wir sehen und spüren sie nicht. Der tiefe Sinn der Wissenschaft liegt in der Annahme und der gleichzeitigen Ignoranz der Grenzen des Erforschbaren.

Das Bild einer unvorstellbaren Vollkommenheit setzt sich aus einer Vielzahl von Grenzsteinen des Unerforschlichen zusammen. Die lebensbegründende Struktur des Menschen in ihrer Grundannahme wird dann den menschlichen Weg wiederfinden, wenn wir dazu bereit sind, das Spektrum des Lichts und der Wahrheit zu sehen. Dieses Kaleidoskop des Lebens ist faszinierend und einzigartig. Alle Wunder um uns sind bereits vollbracht, doch durch unsere bestehende Lebensart erkennen wir sie nicht. Somit finden wir uns in uns selbst nicht wieder – deshalb ist keine Zeit für Wunder!

Erde, Feuer, Wasser und Luft sind die Grundelemente dieser Welt. Unsere Welt trägt das Heil in sich. Es wurde uns alles für uns gegeben, doch im verdorrten Land der Egozentrik sind wir blind und taub geworden für die Gaben Gottes.

12.2 Wolkenspiele

Dunkle Wolken ziehen wie Schatten
über das verdorrte Land,
in der Fügung, die wir hatten,
ist unser Herz verbrannt.

Dunkle Wolken sind die Mauern
in der alten, neuen Zeit,
doch die Winde überdauern
zeitlos die Gerechtigkeit.

Dürstend nach dem großen Regen,
steht das Land vor Dir, o Herr,
weder Tropfen noch Segen,
füllt des Schmerzes wundes Meer.

Öffne heut noch Deinen Himmel! –
Lasst ihn Segen Gottes sein,
in des Menschen Narrgewimmel,
wird dann Geist der Lichterschein.

Alle Wolkenspiele weisen
in die Zeit, die Liebe trägt.
Verdorrtes Land, du musst erweisen,
dass dein Kern auch Frucht bewegt.

Alles ist Schicksal und Fügung zugleich. Wenn wir in Demut das Licht Gottes in Wärme, Liebe und Güte wirken lassen, dann werden wir nicht nur der gute Kern, sondern auch die reiche Frucht der Ernte des Geistes sein. Nur die Rückschau ohne Zorn und Hass wird uns das Spektrum der verheißungsvollen Zukunft offenbaren. Das Leben wird noch heute von den starken Wurzeln der Zeit und des Raumes getragen. Diese Wurzeln weisen hin zum Schöpfer aller Dinge. Das Labsal dieser Wurzeln ist die *Gottesliebe*.

12.3 Gottesliebe

Ein Stall, ein Raum
und Wunsch wie im Traum,
im Werden und Gehen
wir Sternschnuppen sehen.

In sternenklarer Nacht,
wenn einer erwacht,
von Tod zu Geburt
der Weg ist gespurt.
In Liebe geboren
und auserkoren,
die Hoffnung zu schenken
mit Herzen und Händen.

Er wird euch beschenken,
so reicher denn je,
und lasst uns gedenken
bei Licht und auch Schnee.

Das Licht ist das Leben,
das Leben das Licht
und Gott wird dir geben,
wenn alles zerbricht.

Schaut um euch im Leben,
wer immer da kommt,
er wird euch geben,
wenn ihr dankend erkennt.

Der Jubel am höchsten,
wenn Gott bei uns bleibt,
der Gedanke zum Nächsten –
wir warten bereit.

Er wird euch erwärmen das Herz voller Freud
und Kummer und Darben, vorbei ist die Zeit.
Wir ziehen umher im zeitlosen Ziel,
wir wollen so wenig und doch so viel.

Die Zeit, sie heilt Wunden, doch nicht sie allein,
es ist gut, in Liebe geborgen zu sein.
Lasst uns danken dem gütigen Herrn,
er zeigt uns die Schranken, wir wandeln sehr gern.
Ich rate euch und bleibet wach:
„Frieden auf Erden, nicht nur in einer Nacht!"

So ist es verkündet und bleibt so bestehen:
„Jahr, Tag und Stunde, sie werden vergehen.
Doch alles, was um uns alle bleibt,
sei Liebe auf Erden in Ewigkeit."

Die frohe Botschaft in diesen Jahren der Hoffnungslosigkeit und der Resignation ist das geistige Heil und der Frieden für den Erdenkreis. Wenn Glaube, Hoffnung und Liebe die göttliche Synthese bilden, so werden wir die Erlösten in Gott sein. Der Weg dorthin ist weit, aber er ist gangbar, denn der Weg ist das Ziel. Wenn wir in unserem Glauben an den Vater den ersten Schritt der Hoffnung wagen, dann werden wir in der grenzenlosen Liebe Gottes das *Licht der Welt* sehen.

12.4 Das Licht der Welt

... und Gott sprach: Ich bin der steinige Weg über die kargen Felder der Zufriedenheit. Der Samen auf dem Acker deiner Zukunft.

Das helle Licht in der Finsternis. Das Fenster zur Hoffnung. Die Blüte des Lebens – der Stachel der Rose – und der Dornenbusch.

Liebe ist mein Wort, denn mein Leben und mein Sterben sind alle Zeit dieser Welt. Die Zeit aber ist nur ein Bruchteil der Ewigkeit. Somit rinnt diese Ewigkeit in der raumlosen Zeit. Lasst uns diese Zeit nehmen und uns den Frieden geben, der mehr ist als Zeit und mehr ist als Raum.

Hochmut kommt vor dem Fall. Demut weit danach. Wann kommt endlich der offenherzige Kniefall der Kreatur der Schöpfung vor seinem Erschöpfer? Ein Kniefall, der nicht in die Knie zwingt, sondern mit aufhelfender Kraft unserem Schöpfer zeigt, dass wir ihn lieben, und uns im Fall zeigt, wie wir geliebt werden.

So ist die *Liebe Gottes* stärker als jede Vernunft. Sie ist für uns unvorstellbar und unfassbar.

12.5 Die Liebe Gottes

Die Liebe Gottes und von Jesus Christus schlechthin stellt für uns ein Ideal dar. Die menschliche Liebe ist in ihrer Unvollkommenheit und ihrer Unreife vom Anspruch der göttlichen Liebe weit entfernt. Die menschliche Liebe ist eine Art von Sympathie und Hingabe zu Gott und unseren Mitmenschen.

Wenn wir als Menschen liebevoll handeln, so handeln wir teils bewusst und teils unbewusst, immer aus unserem Ego heraus. Im Gegensatz zur göttlichen Liebe sind wir Menschen, aufgrund unseres irdischen Denkens und Handelns unfrei und abhängig in Zeit und Raum. Die menschliche Liebe leidet am Rückbezug der humanen Egozentrik und des Egoismus.

Die göttliche Liebe ist nicht an eine Bedingung und Koppelung geknüpft, aber leider verbindet der Mensch die humane Liebe in seinem geistigen Zentrum mit einer Sehnsucht nach persönlicher Erfüllung. Somit ist er Gefangener einer Liebe, die ihn über die Sympathie und die Hingabe als Mensch nicht hinausträgt.

Unser Ich-Bezug ist das Gegengewicht in der Waagschale der Liebe. Er bindet die menschliche Liebe und macht sie unfrei. Der äußere Wert der Liebe ist global und neutral. In ihrer Schwingung ist sie gleichzeitig breit gestreut und doch durch diese Streuung spezifisch. Wir erkennen unsere Liebe als eigensüchtigen Wert an. Dieser Wert der Liebe offenbart uns die Eigensucht des Geistes. Wir sind in einem schlechten Magnetismus der Liebe fixiert und erfassen nicht das Spektrum der bewusstseinserweiterten Liebe.

Einer Liebe, die über den reduzierten Wert und der egozentrischen, menschlichen Hingabe hinauswächst. Wir sichten nicht die Facetten einer Liebe von Glaube, Hoffnung und Licht aus göttlicher Sicht. Einer zärtlichen, geborgenen und behüteten Liebe, die uns den Geist erfüllt und unser Leben trägt. Einer Liebe, die räumlich und zeitlich ewiglichen Bestand hat. Einer Liebe, die an den Mauern nicht zerschellt und über die Grenzen des irdischen Lebens weist.

Aber die menschliche Liebe ist nicht vom Geist gelöst. Sie erfüllt den egozentrischen Sinn ihrer selbst. Die menschliche Liebe ist in ihrer Abhängigkeit immer auf selbstsüchtige Distanz gebaut und so sind wir, bei all unserer religiösen Hingabe, in der Konsequenz doch in einer gewissen Gottferne zu suchen. Wenn wir nicht das Urvertrauen zu unserem göttlichen Vater haben und uns nicht seiner vollkommenen Liebe gewiss sind, dann werden wir in unserem Leben irren wie die Lämmer, die nach ihrem Vater oder der Mutter suchen. Wir schwanken geistig zwischen

Eigenannahme und selbstloser Hingabe und sind doch einer negativen Polarisierung der Selbstsucht verfallen.

Wir werden nur dort die göttliche Liebe finden, wo unser Herz eine Heimat hat. Eine Heimat, die auch Heimstatt ist. So werden Fügung und Geist vereint und wir werden uns auf der Suche nach der vollkommenen Liebe dem Licht Gottes zuwenden. Nur durch eine loslösende, barmherzige Selbstaufgabe aus einer geistig eigensüchtigen Mitte in das Kraftzentrum zu Gott werden wir auch vom Licht des Geistes erfüllt werden. Denn das Licht Gottes leuchtet für alle Menschen. So ist auch die Liebe des Vaters für all seine Kinder vorhanden.

Wenn Jesus Christus spricht – „Liebet einander, so wie ich euch geliebt habe!“ –, so trägt er die menschliche Liebe über ihre eigensüchtigen Tiefen und Niederungen weit hinaus zu den gnadenreichen und barmherzigen Höhen und Gipfeln einer göttlichen Liebe, einem Urvertrauen, das Hoffnung, Licht und Zukunft verheißt.

... und am Anfang war das Wort, denn Gott war das Wort und das Licht. Das Licht aber schwebte über den dunklen Wassern der Unvollkommenheit und erfüllte es mit dem *Geist Gottes*.

12.6 Der Geist Gottes

Der Geist Gottes ist allmächtig und allumfassend. Er ist wirksam zu aller Zeit und in jedem Raum, vom Anfang aller Tage bis zum Ende des Universums.

Er ist die feste Konstante in der Ewigkeit Gottes. Er ist die freie, unabhängige, erkennende Größe aller Offenbarung. In der Allgegenwart des Geistes wirkt seine materielose Schwingung interaktiv und transzendent. Der Geist Gottes ist somit nicht Gegenstand von Zeit und Raum. Sein magnetisches Energiefeld ist primär gestreut und doch zentriert. Durch seine Dezentralisierung ist der Geist das Spektrum allen Lebens und Lichtes. So wie sich Raum und Strahl in der Unwandelbarkeit Gottes vereinen, ist der Geist Gottes die transferierende Potenz aller genetischen Information. Er ist optional richtungweisend. Der Geist Gottes wirkt auf einer Stufe, die weit über der höchsten Evolutionsstufe des Menschen existiert. Er ist die dimensionale Verschmelzung von Zeit und Ort auf allen Ebenen unserer menschlichen Vorstellungskraft.

Der Geist Gottes ist die Potenz der Wurzel des Vaters.

Der Geist Gottes ist das reinigende Feuer der menschlichen Seelen. Wenn Menschen den Geist Gottes empfangen, so empfangen sie ihn aus einer Gnade des Vaters, dessen Geist Liebe trägt. Diese Menschen sind die Sendboten des Vaters aller Dinge. Die Menschen werden durch den Geist Gottes beseelt. Sie sind die Adressaten einer Liebe, die durch die Klarheit und Wahrheit, Reinheit und Vollkommenheit, Demut und Barmherzigkeit gekennzeichnet sind. Ihr Leben ist dann die Frucht des Geistes, so wie ihr Tod der Samen des Geistes sein wird.

Die Wunden des Herzens werden durch diesen Geist verschlossen und die Güte und Liebe der Menschen wandelt sich zu Glauben und Hoffnung. Der Geist Gottes ist höher als jede Vernunft. Der Geist Gottes ist die Brücke der Ewigkeit zu den Menschen, das Licht des Lebens und der Frieden der Weisheit. So wie die Taube des Geistes die Flügel öffnet und schließt, so ist der Geist Gottes das Leben und die Liebe. Der Geist Gottes ist der in Gedanken gefügte Wille des Vaters, der Liebe trägt. Kein menschlicher Ratschluss wird ihn je ergründen. Der Geist Gottes ist der Brunnen des Lebens, der nie versiegt.

Das Wasser dieses Brunnens ist heilig, so wie der Geist Gottes heilig ist. Der Geist Gottes ist das Brot des Lebens, der Fall und die Auferstehung der Menschheit; er ist im Geiste gefügter Wille des himmlischen Vaters. Er ist die Fülle des Seins von Ewigkeit zu Ewigkeit.

So werden wir, wenn wir im Geiste Gottes sind, unseren Tempel mit

Liebe bedecken und in der Verheißung des Morgens unvergänglich sein. Alles ist verborgen und doch offenbar. Die Zeit birgt die Stunde der Wahrheit in sich. Die Zeit aber ist ein Bruchteil der Ewigkeit und so ist es auch die *Zeit*, die uns und für uns in der Gnade und Liebe Gottes gegeben wurde.

12.7 Zeit

Zeit, das ist die Macht der Stunde
im Vergehen dieser Welt,
und aus einem Herzensgrunde
weist sie hoch ins Himmelszelt.

Zeit, das ist der Lauf auf Erden
in dem nahen und fernen Raum,
Tod wird nun vergänglich werden
in dem Licht des Menschen Traum.

Zeit teilt Leben und die Liebe
in dem Wandel dieser Welt,
doch im großen Weltgetriebe
ist die Fügung längst bestellt.

Zeit, sie heilt die tiefste Wunde
in des Lebens Schicksalsspiel,
ob Tag, Nacht oder Stunde,
Erdengang, der uns gefiel.

Zeit entspringt der Ewigkeit,
schattenhaft mit großem Gut,
und bei aller Herrlichkeit
birgt sie Glanz und Wankelmut.

Zeit ist göttlicher Natur,
Schlag um Schlag in allem Leben,
und die Räder der Weltenuhr
wollen drehen, wollen streben.

Zeit, das ist der Schein des Lichtes
in dem Meer der Ewigkeit,
doch die Uhr des Weltgerichtes
schlägt bald in der finsteren Zeit.
Zeit wird nie im Raume enden,
in des Lebens ewigen Gang,
Schicksal tragen wir in den Händen
in der Wahrheit tiefem Klang.

Zeit, sie ist die Analogie unserer Fügung. Die Fügung aber ist der durchdachte und verwobene heilige Wille des Geistes Gottes. Die Zeiger der Weltuhr haben den Zenit menschlicher Eigenmacht und -größe erreicht. Wir stehen als die haltlosen Narren mit leeren Händen und Taschen vor Gott. Ist es nicht Zeit für die Zeit? Ist es nicht *Zeit zur Umkehr*?

12.8 Zeit zur Umkehr

Es ist Zeit für die Zeit. Es ist Zeit zum Umdenken und zum Neudenken. Es ist Zeit zur Umkehr – in uns und um uns. Es ist Zeit, um in unserer Besinnung Ausschau zu halten: auf unsere Zukunft, auf unsere eigenen Ziele, aber auch auf die Möglichkeiten unserer Lebensquelle im Spiegelbild unserer Seele.

Lebensziele und Eigenvorgaben, krankhafter Ehrgeiz und Selbstsucht erkennen wir in unserem Leben leider erst zu spät – wenn überhaupt. Dominante Charakterstärke und skrupelloses Rückgratdenken sind im Leben Vorgaben, die uns oft den Himmel auf Erden zur Hölle machen.

Auf dem Gipfel der Leistung und der gipfelnden Eigensucht sollten uns die Gedanken auch einmal in das Tal führen. In das Tal des Lebens und zu uns selbst.

Wer kann schon den eigenen Lebensrucksack mit Hab und Gut am halben Berg zurücklassen und wer wagt einen neuen Anstieg nach der Umkehr? So gib der Erkenntnis deines Lebens einen neuen Morgen und einen neuen Tag – aber nicht nur deinem Leben, sondern auch dem Leben deiner „Feinde des Verstandes" und deiner „Freunde des Herzens" eine Möglichkeit zur Umkehr aus der Nacht. Zur Umkehr zu sich, zu dir und zu allen Mitmenschen.

Du bist die Erfüllung deines Lebens und deiner Liebe. Deshalb sage „du", wenn du „ich" denkst und fühle „ich", wenn man „du" sagt. Und hoffe auf uns, wenn das Wort „wir" uns das Herz schwermacht. Öffne dein Herz und deinen Geist der Seelenfertigkeit. Du wirst mit all deinen Sinnen fühlen und verstehen, was dein Herz vorher nie in dir und durch dich gespürt und geschlagen hat. Du hast nur ein Herz zu verschenken. Verschenke dort dein Herz, wo du nur noch die Hoffnungslosigkeit deines Verstandes und den Trost deiner Gefühle hast. Dann beginnt es für dich und durch dich erneut zu leben.

Deine Mutter gab dir dieses Herz. Sie schenkte dir leibhaftiges Leben und wärmende Liebe. Darum gehe in dich und suche und du wirst finden und begreifen, was ein Menschenherz beglückt. Gib deinem Herzen und den Herzen deiner Mitmenschen eine Chance. Es ist Zeit für die Zeit, es ist Zeit zur Umkehr. Damit du das Lebensgeschenk deiner Mutter auch für dein Herz verschenkst. Sie lebt in dir und durch dich weiter und hat mit ihren Wehen, dem Leiden und dem Schmerz deiner Geburt ihr Herz für dein Herz verschenkt. Es ist Zeit für die Zeit. Es ist Zeit für Liebe und Wärme.

So schlug dein erster Herzton Liebe und dein erster Atemzug hieß Hoffnung. Darum verschenke dein Herz, wie sie es für dich tat und gib deinem Herzen den Stoß, damit dein erster Herzschlag und dein erster Atemzug wieder Liebe schlägt und Hoffnung atmet. So lass den Tag und die Stunde der Besinnung gewähren.

Ist es auch für dich nicht Zeit zur Umkehr?

Umkehr ja, aber wohin? Wohin sollen wir uns in der Finsternis der Nacht wenden? Wer wird uns leiten und führen? Wem sollen wir glauben und vertrauen?

So werden die Blinden sehen, die Tauben hören und die Verstummten reden. Sie werden das *Licht der Liebe* sehen.

12.9 Licht der Liebe

Liebe ist ein Wort aus Licht
in unserem Herzen, unserer Seele,
Licht, das jeden Schatten bricht
in des Lebens reinster Quelle.

Liebe ist der Hoffnungsstrahl
hier und heute in der Zeit,
Leben ist kein Jammertal,
blickt hin und seid bereit.

Bereit sein, Liebe zu erkennen
in der Schöpfung schönster Form,
Licht und Liebe stets zu nennen,
Freudentaumel nach dem Sturm.

Licht ist die ganze Kraft
und die Seelenfrucht erblüht,
Licht, das holde Liebe schafft,
wenn die Herzenswärme glüht.

Die Finsternis ist nur der Schatten,
einst von einem Licht gezeugt,
Schicksalswege, die wir hatten,
haben nicht das Herz gebeugt.

Alles Licht führt zur Wahrheit,
in der Zeit und in dem Raum,
nur im Licht sehen wir die Klarheit,
Lebensweisheit – Sinnestraum.

Wenn das Licht der Welt erloschen
und die Welt in Scherben fällt,
schenke unseren letzten Groschen
für die Liebe dieser Welt.

Der Kampf der Gewalten ist auf dem Meer der Ewigkeit vollbracht. Das Heil des Geistes, das Licht der Liebe und der Anker des Glaubens haben das wilde Wogenmeer der Verdammnis befriedigt und geglättet.

Kraftlos treibt das Schiff der Menschheit im Strom der Zeit. Doch es kommt Land in Sicht. Hoffnungsvoll setzen wir die zerfetzten Segel der Welt: zum Land der Verheißung. Wir machen uns *auf zu neuen Ufern.*

12.10 Auf zu neuen Ufern!

Auf zu neuen Ufern!
Der Sturm hat sich gelegt,
des Wassers wilde Wellen
haben die Nacht fortgespült.

Die stolze Festung Welt
aus Schmerz, Tod und Leid
zerfällt trotz Gut und Geld
in ihrer Einsamkeit.

Auf zu neuen Ufern!
Die Brücke ist das Ziel,
die Liebe neu zu leben,
so wie es Gott gefiel.

Die Nacht birgt den Schatten,
das Licht erhellt den Tag,
wenn wir auch Tränen hatten
aus Hochmut, Fall und Plag'.

Auf zu neuen Ufern!
So machet fest in Gott,
ihr sollt den Anker werfen
trotz Not, Hohn und Spott.

Das Leid hat viele Namen
in dieser Welt aus Schmerz,
der Herr gibt uns den Rahmen
in das gebrochene Herz.

Auf zu neuen Ufern!
In die Segel bläst der Wind,
darum lasset uns bedenken,
wie schwach wir Menschen sind.

Am Ende der Zeit verneigen wir uns in Demut vor Gott und öffnen unsere Herzen im *stillen Gebet.*

12.11 Stilles Gebet

Herr, Vögel sind die Boten des Lichtes und der Wahrheit. Ein Vogel und Fisch, ein Baum und ein Ast, ein Stamm und eine Wurzel tragen Dein Leben. Wir sollten sie lieben wie Bruder und Schwester. Die Sonne wärmt unsere Seelen und das Wasser kühlt unsere Stirn. Die Erde ist grün – und Grün ist die Farbe der Hoffnung. Lass uns das Grüne in unseren Herzen nicht begraben, sondern sie weitmachen. Mein Glaube ist Glückseligkeit und Zuversicht. Ich will diese Freude mit jedem Menschen teilen. Der Gedanke an Dich wärmt mein Herz, denn Deine Liebe und Trost sind meine Freude. Herr, ich weiß, wenn wir unsere Liebe für Dein Herz verschenken, so verschenken wir auch unsere Liebe durch Dich.

So ist es die Tat des Herzens, welche die Sonne strahlen, das Wasser quellen und die Erde atmen lässt. Herr, lass uns erkennen, dass die größte Macht unserer Welt nicht das Feuer und das Schwert, sondern das Leben und die Liebe sind. Herr, gib uns den Blick der Erkenntnis und das Gehör eines Verständigen in unserer Welt. Erbarme Dich unser, die wir auf Dein Recht und Deine Gnade hoffen.

Lass uns Dein Wort leben, das Liebe und Güte auf seinem Schild trägt. Es schützt uns und macht uns stark So segne Dein Wort, das wir in der Demut unseres Herzens empfangen.

Herr, lass uns glücklich werden, aber nicht vollkommen. Dein Geist ist für uns das Licht und das Leben. Du lässt Deinen Geist durch uns erstrahlen und somit ist unsere Hoffnung die Erlösung – und unsere Erlösung ist die Hoffnung.

Amen.

12.12 Der Autor – Nachwort

Der Verfasser dieses Buches wurde in der Nähe von Köln, im November 1945, geboren. In einfachen Verhältnissen aufgewachsen, wohnte er ab 1964 in München.

Nach seinem Abschluss der Mittleren Reife erlernte er ab 1972 in der bayrischen Metropole das Bankfach. Nach verschiedenen Höhen und Tiefen in seinem Leben schied er im Jahr 1981 aus dem aktiven Berufsleben aus und widmete sich in unregelmäßigen Intervallen in Augsburg seiner schriftstellerischen Arbeit.

Ab dem Jahr 1966 war er in der evangelischen Jugend München lange Zeit aktiv, hier wurde auch sein Selbstverständnis für Ethik, Humanität und Religion geprägt.

Die Geschehnisse um John F. Kennedy, den Prager Frühling, Vietnam und den Sechs-Tage-Krieg Israels hinterließen ebenso ihre Spuren wie 1972 das Attentat auf das olympische Dorf in München oder Kontroversen in Irak oder dem Iran und später der Jugoslawienkonflikt.

Als Trommler für Frieden und Freiheit schwor er schon in der Jugendzeit allen gewalttätigen Aktionen ab, bereits ab dem fünfzehnten Lebensjahr entwickelte sich seine friedvolle, ethisch-religiöse Lebenseinstellung. Große Vorbilder waren für ihn Gandhi, Willy Brandt, Karlheinz Böhm, Mutter Teresa, Albert Einstein und Adalbert Stifter.